構成的グループ・エンカウンター

片野智治

駿河台出版社

「風立ちぬ、いざ生きめやも」
（ヴァレリー）

メンター國分康孝 Ph. D.・國分久子 M. A. に捧ぐ

まえがき

私は本書で、師・國分康孝 Ph. D.・國分久子 M. A.を語ろうと考えた。また師に甘えながら、自分を語りたいと分をわきまえないことを思い立った。

それをどこまでできるかわからない。しかし「当たって砕けろ」の気構えになった。

「風立ちぬ、いざ生きめやも」という言葉は、私が胸に秘めてきたものである。堀辰雄『風立ちぬ』の冒頭で知ったことばである。この作品にふれたのは高校生のときであった。以来数回読み返した。今は作品の内容はうるおぼえであるが、なぜかこの言葉を胸に秘めてきた。

日本カウンセリング学会会長である國分康孝教授は日本教育カウンセラー協会のニューズレターに、協会会長の挨拶文の冒頭にヴァレリーのこのことばを引用された。私は内心うれしかった。師の青春時代が遥か向こうに見えるような気がした。これに私の高校・大学時代が重なった。

國分康孝・國分久子両教授の構成的グループ・エンカウンターを実践している人はきわめて多い。これからもこれを試みる人が多く出てくるであろう。教え子のひとりが教え子の分でとらえた國分エンカウンターをここに示す。

片野智治

もくじ

第四章　教師が学校で生かすために

第一章

構成的グループ・エンカウンターの特徴

ここでは構成的グループ・エンカウンター（"Structured Group Encounter" 略称ＳＧＥ）の誕生について述べる。また國分康孝Ph. D.・國分久子M. A.が主宰者兼スーパーバイザーとして指導されている日本における構成的グループ・エンカウンター（國分エンカウンター）の目的や、「構成」の理由、進め方について述べたい。

1　構成的グループ・エンカウンターの誕生地はエスリン

エスリン研究所（所在地カリフォルニア州ビッグ・サー、Big Sur）は一九六〇年代・七〇年代と「ヒューマン・ポテンシャル運動」の中心地であった。そしてヒューマン・ポテンシャル運動を支えた心理学が「ヒューマニスティック心理学」であった。「ヒューマニスティック心理学とはアブラハム・マズロー、フリッツ・パールズ、カール・ロジャーズおよびロロ・メイなどといった人びとと同一視される心理学」のことである。心理学界の「第三勢力」といわれる。第一勢力はフロイドから始まった精神分析学派、第二勢力は行動主義学派である。前者はアドラー、ユング、ホーナイ（ホルネイ）、フロム、サリヴァン、エリクソンなどに代表される。後者はパブロフの生理学的研究から端を発し、それを人間研究に応用したワトソン、ソーンダイク、ハル、スキナー、アイゼンク、ウォルピイ、ラザラス、クルンボルツなどに代表される。

ヒューマン・ポテンシャルとは「人間のあらゆる可能性」への挑戦を意図した運動のことである。この運動を支えたヒューマニスティック心理学は実存主義や現象学の影響を強く受けている。実存主義はひとりひとりの具象的体験や知覚や体感（"experiencing"）こそがこの世でまちがいなく存在（実在）するものであるという考え方をする。また現象学は個々人の思い込みの世界（現象学的世界）こそすべてであるという考え方をする。

「エスリン研究所とヒューマン・ポテンシャル運動は、同一視されることが多い。人間の可能性を開発するあらゆる方法がここエスリンで試みられたといってもよい。結局は、ゲシュタルト療法はここで成立し、ここから世界に発信された。フリッツ・パールズは、ここの主演男優のごとくである。またウィリアム・シュッツのオープン・エンカウンターも、ここで名乗りをあげ、これまたここから世界中に広がっていった。……合流教育も、構成的グループ・エンカウンターも、ここエスリンにその源流を求めることができる。私（伊藤博）のニュー・カウンセリングもまた、シャーロット・

セルブァーのセンサリー・アウェアネスをその出発点としている」（W・T・アンダーソン著・伊東　博訳『エスリンとアメリカの覚醒——人間の可能性への挑戦』（一九九八年、三三四頁）。

エスリンの人気者はフリッツ・パールズとウィリアム・シュッツであった。ふたりは競演者であり、よい意味での喧嘩相手であった。フリッツは「ゲシュタルト療法」の創始者である。彼は一八九三年ベルリンに生まれ、一九二一年にヴィルヘルム大学から医学博士の学位を得た。また精神分析の訓練を受けはじめた。その後フランクフルト、ウィーンを遍歴し、ベルリンにもどってきた。ここでヴィルヘルム・ライヒの患者になって精神分析を受けた。やがてフリッツはライヒや精神分析を嫌うようになった。そして米国に渡りゲシュタルト療法を始めた。

一方シュッツは一九五一年UCLAで博士号をとって、シカゴ大学、ハーバード大学、カリフォルニア大学、さらにニューヨークのアルバート・アインシュタイン医科大学の教授になった。以上がエスリンに来るまでのシュッツの経歴である。彼がエスリンで実践していたエンカウンターの特徴は「いい気持ちになる“feeling good”」であった。“feeling good”とは「よろこび」のことであり、それは「自分の可能性を充足したときに起きる感情」であると。さらに「可能性が充足されれば、環境に対処できるという感じが得られる。自分は重要な人間で、有能であり、愛すべき人間であり、どんな状況が起こってもそれに対処することができ、自分の能力を十分に発揮することができ、その感情を自由に表現することができるという自信が湧いてくる」と。

2 構成的グループ・エンカウンターの求めるところ

國分康孝・國分久子の両先生は二度目の渡米（フルブライト交換教授、ミシガン州立大学、一九七三〜七四年）から帰国した。集中的なSGEを提唱・実践しはじめたのは七〇年代後半であった。私は一九七〇年代の後半に、國分康孝教授が自らリーダーをする四日間の通いのSGEワークショップに参加した。これがSGEと私の最初の出会いだった。一九八〇年（昭和五五年）に学校法人武南学園・武南高等学校にカウンセリングルームが開設された。校務分掌の中では生活指導部教育相談係。三年後の昭和五八年に教育相談部として独立した分掌になった。私は同僚とともに、教育相談部の活動として、一泊二日または二泊三日の合宿のSGEをするようになった。これが「ふれあい合宿」である。

構成的グループ・エンカウンターとは「集中的なグループ体験」のことである。「ふれあい」と「自己発見」を通して、参加者の「行動変容」を目標としている。究極的には人間的「成長」を目的としている。またこれは、人間関係開発を意図した予防的・開発的カウンセリングのグループ・アプローチのことである。

國分エンカウンターの思想的・理論的背景には次のようなものがある。思想的なものとしては①実存主義、②プラグマティズム、③論理実証主義がある。カウンセリング理論としては①ゲシュタルト療法、②精神分析理論、③論理療法、④交流分析、⑤来談者中心療法（自己理論）、⑥行動療法、⑦内観、⑧特性・因子理論の八つの理論がある。

集中的グループ体験とは、二泊三日間または三泊四日間宿泊して、「文化的孤島」の中で自分とふれあい、他者とふれあうことを目的としている。文化的孤島とは外界（例 世間一般、職場）の価値観にとらわれずに、自分の「在りたいようにある」"Courage to be."という意味のことである。これは「個の自由を意識し、他者を傷つけないかぎり、自由に生きることが人間的である」（國分久子）という考え方である。実存主義の中核的考え方である。

ふれあいとは「ホンネとホンネの交流」のことであり、参加メンバー相互の「感情交流」のことである。メンバーが体で感じているもの（感じたもの、"experiencing"）を互いに伝え合うことである。今ここでの喜怒哀楽の情を相互に遠慮しないで伝え合う。全国各地から参加者が集まってきた最初の場面の例を挙げる。「このワークショップに参加しても、きっと知らない人ばかりだと思う。食事もきっとひとりで食べるのだろうなぁ。心細いだろうなぁ。こんなふうに思って、私は参加しました」「誰も知らない人ばかりで、所在感がないというか、居心地が悪いです」「これから実際にはどのようなことをするのかわからないし、実際に自分がうまくできるかどうか不安です」「開講式のとき、はじめに司会者がお隣近所で、自己紹介して握手しあってくださいと言いました。あのときから徐々に気持ちが楽になってきました」「遠方からこの会場に来たので、ここに着いたときにはホッとしました。会場には音楽がながれ、お茶やお菓子もあって、みなさんがリラックスしているふうだったので、安心しました」と。

自己発見とは自己への気づきのことである。胸にぐっとくるような気づきとか「目から鱗が落ちる」ような気づきは、最高のものである。また自己盲点（周りのメンバーは気づいているが、本人自身は気づいていないようなもの）に気づくことも、自己発見である。例を挙げる。「私は他のメンバーほどには自分のことを話せていない（こんなはずではなかった）」「私は握手が嫌いなんです。掌がゴツゴツしていて、他者（ひと）に不快感を与えてしまうからです。そう思うと、いっそう掌が汗ばんできて、ハンカチでふきふきしました。温かい手、ひんやりした手、さらっとした感じの手と、いろいろな手があるんですね」「私は握手のとき、ぎゅっとしてくれないと、物足りなかったです。指先だけで握手されると、言われて仕方なくやっているなっていうか」「小グループで話し合うときに、グループを仕切ってしまう傾向があります」「私は人よりも多く話し過ぎて、他人（ひと）の話す時間を奪ってしまうようです」「『結論から先にいうようにしてください』とリーダーに言われてしまって、頭が真っ白になってしまいました。私はどうも前置きが長くなってしまって、自分が本当に言いたいことや気持ちが他人に伝わっているのかどうか」と。私があるSGEワークショップでスーパーバイザーをしたときの例を挙げる。

①人の気持ちにそわない仕切られ方をされてイヤだったということで、あるメンバーが涙して自己主張した。これは失愛恐怖からの脱却であった。一方主張された側も苦しくなって、素直になれなくなってくる。ここで大事なことは、仕切ったという行

為それ自体がイヤだったということで、仕切ったその「人」をまるごと否定しているのではないということである。

②「あの時はごめんね。すぐ謝れなくて」。これは未完の行為の完成である。偶然の出会いで、あるメンバーはこれを口にした。素直な表現である。このことが心の根雪になっていた。それが今溶けたのである。言われた方は戸惑った。前後のいきさつが瞬時に想起できなかったからである。まったくレディネスがなかったのである。

③幼少の頃のごっこ遊びで、みんなから袋たたきにあった。これを大人になった今でも引きずっているメンバーがこう言った。「自己主張できない原因がここにあった」と。

スーパーバイザーの私はじっと座って「参加的観察」“participant observation”をしていた。これは相手の身になりながらの観察のことである。そうでないと評論家になってしまう。評論がエンカウンターではないということはいわずもがなである。

人が変わるとき、今までの自分に訣別をすることになる。これもさみしいことである。しかし変わることで今よりも心理的に自由になったり、ほんとうの自分に近づけるのであれば、努力してみる意味はある。過去の出来事が現在の自分に影響を与えているのではない。ホンネの自分（"actual self"、あるがままの自分）から自分自身を遠ざけているのは「私」である。

「愛別離苦」という仏教のことばがある。愛するものとの死別や生き別れはとても寂しくて苦しいものであるという意味である。

私は「いい出会いをつくって、いい別れ」をしたいと思う。私はそう思って、マイベストをつくしている。shoud（ねばならぬ）にとらわれてしまったら、自分自身が不自由になってしまう。

ここでいう行動変容とは何か。それはある特定の感情へのとらわれや、ある特定の思考へのとらわれ、ある特定の行動（または反応）へのとらわれなどから、自分自身を解放するという意味のことである。感情へのとらわれの例：母親への憎しみ、ある同僚への敵対心、職場の上司への恐怖）。思考へのとらわれの例：校則で例外を認めると、学校全体の秩序が乱れる、人の話は共感的・受容的に聞かねばならない。行動（反応）へのとらわれの例：人見知りがはげしい、一言居士である、自分から動いて関係づくりをしない、人と議論できなくてものごとを穏便におさめようとばかりする。

参加者に行動変容が起きるための条件は何か。

①参加メンバーが自分の感情・思考・行動の特徴や傾向（つまり片寄りやとらわれのこと）に気づくこと。
②それらの片寄りやとらわれの意味を考えること。
③それらの原因を探ることである。すなわち自己探求（「自己分析」）すること。
④「ありたいようなあり方」を試行錯誤してみること。SGEは「行動の実験室」である。
⑤無条件に受容してくれる他者（メンバー）に出会う（エンカウンター）こと。

3　グループ・エンカウンターをなぜ構成するのか

エンカウンター・グループには構成するものとしないものと二種類ある。後者を「非構成」または「ベイシック"Basic"」という。

構成的グループ・エンカウンターの構成とは、「エクササイズの遂行」を求める、「グループ・サイズ」を指定する、エクササイズに取り組む「時間を設定」するという意味のことである。

たとえば「これから『アウチ』というエクササイズをします。このエクササイズは

○○市のある中学校の相談学級の教師をしている川端久詩さんという人が開発したエクササイズです。これから再びこのフロアーを自由歩行します。出会った人とお互いの人指し指をくっつけます。お互いに目と目を合わせて、『アウチ』と言い合いますね。心の中ではくっつけるたびに『あなたの心にいつまでも』とつぶやきます。
川端さんは映画『ＥＴ』からこのエクササイズを思いついたということです。それでは時間を二分とりますので、できるだけ多くの人と出会いのアウチをしてください。
指と指を合わせるのにたいへんだったなんて、言わないでくださいね。そうそう、アウチの日本語訳は彼の考案です。それでは出会いを楽しみながらやってみましょう」。

なぜ構成するのか。その理由は次にある。

①参加メンバーの心的外傷を予防する。心的外傷（心の傷）はレディネス（心の準備）のないときに、自分の中にある抵抗（片寄りとかとらわれ）を粉砕されたり、衝撃的な出来事に遭遇したりしたときに生じる。ゆえにリーダーは慎重にエクササイズを配列する。まずは誰もが取り組めるようなもの（参加者の外見的な部分にふれるようなエクササイズ）を最初の方にもってくる。参加者の内面にふれるようなエクササイズはリレーション（親密な関係ができて、かなり突っ込んだ話合いができるような

関係）が形成されてから実施する。

②ワークショップのオープニング時には時間を短くして、数多くのエクササイズを用意する。「乗れそうなエクササイズは全身で取り組んでみよう。乗れそうもないなと思うときには、一歩ひいたような感じで取り組んでよいですよ」と、リーダーが前置きしておく。時間を短く設定するのは、乗れない人への配慮である。

③グループを介してのエンカウンターを「効率的かつ効果的」にすすめるためである。リレーションができていないときには、したいようにしていいですよとか、自由に行動してもいいのですよとかと教示しても、メンバーが動けるわけではない。長時間の沈黙が起こりやすい。これは自明の理である。これを解消するには、得手勝手のわからぬ参加メンバーに対して、場面を提供する（例えば、トピックスやエクササイズを用意するなど）方がメンバーは動きやすい。すなわち他者とかかわりが持てるような場面（対人行動を意図的に設定したり誘導したりすること）を用意する。

④参加メンバーを小グループにする意図は、リレーションを段階的につくっていく方がベターであるという考え方にある。二人一組でするエクササイズから、四人組や四～六人一組でするとか、八～一〇人一組でするとかというように。

⑤ワークショップの目標達成をステップ・バイ・ステップにするためである。

⑥"which treatment to which individual (group) under what conditions"(「どのような対処をするかは、その人（グループ）がどのような人（グループ）で、どのような状況にあるかによって決まる」Ivey, A.)。

4　國分エンカウンターの進め方

参加者が自分のことについて話すことを自己開示という。「胸襟を開く」とか「腹を割って話す」「腹臓なく話す」とかといわれるように、自分の気持ち（感情）や見方や受けとり方、受けとめ方、考え方などについて話したり、これまでの人生における体験的事実（例えば、生育歴など）について率直かつ誠実に話すことをいう。これによって参加者同士のリレーション（親密さ、好意の念）が形成されてくる。エクササイズは自己開示の「触媒」（吉田隆江）なのである。

「さぁ、みなさん、積極的に自己開示してください」とリーダーにプッシュされてもできるものではない。見ず知らずの人に対して自分のことを話してくださいといわれても、戸惑いや抵抗が起きる。「何をどこまで話していいものかと、今わからないのです」「どんなふうに話せばいいものか、戸惑っているんです」「自己開示してくださいと言われると、何か強制されているようで。本来こういうものは自分が自然と話したくなったときに、話すもんだと思んですけど。話さないでいると、凄くプレッシャーになってくる。だから私としては開示したいという気持ちになってくるのを待っていようと思うのです」と。

SGEとは自己開示の積重ねのことである。

(1) インストラクション

SGEの進め方の第一は、リーダーがインストラクションするということである。これはエクササイズのねらいや内容を説明することをいう。前述のエクササイズ「アウチ」のように行う。また必要に応じて、リーダーが実際に「してみせる」のである。これをデモンストレーションという。エクササイズ「他者紹介」の例をあげればこうなる。「私のパートナーの○○さんは埼玉県内の中学校の数学の先生です。もう勤続二五年の大ベテランです。今勤務している学校は四つ目で、ここに移って二年目です。いま学年主任をしています。学年の先生方と一緒にSGEについて学習会をしています。○○さんは学校カウンセリングに興味を持って勉強しだして一八年になるそうです。SGEワークショップ参加も今回で三回目だそうです。仲間同士の学習会ではリーダー役をしていますし、近隣の先生方の研修会でも講師役をしているそうです。私の印象はとても頼り甲斐のあるリーダーという感じですね」と。

「してみせる」（デモンストレーション）とメンバーは安心する。「百聞は一見にしかず」である。メンバーはこれを模倣する。またしてみせることによって、自己開示を「させられた（泥をはかされた）」という気持ちが起こるのを予防できる。

リーダーが自己開示するときの留意点は「すればいい」というものではない。メンバー同士のリレーションの深まり具合をみて、開示内容の深さを調節するのである。リレーションが浅いと判断したときには、「支障のない範囲で」とか「語れる範囲で」とかということばを添える。

またリーダー自身が自己満足してしまうような開示はよくない。これはリーダーのカタルシスを意図しているからである。

(2)　エクササイズへの取組み

参加メンバーはエクササイズに取り組まなくてはならない。エクササイズのねらいはつきつめていくと、次のようになる。

①自己理解：これは他者理解に通じる。自分のことがわかる程度に他者のこともわ

かる。私たちは自分の顔の実像を見たくとも鼻の頭ぐらいしか見ることはできない。しかし周りにいる人びとはいつも実像を見ている。また私たちは他人を鏡にして自分のことがわかるという場合もある。他者の力を借りることによって、自己理解がすすんでいく。その結果として他者のことも理解できるようになる。

②自己受容：これは他者受容に繋がる。つまり"I am OK."(自己肯定）の状態であれば、"You are OK."(他者肯定）になる。自己嫌悪感の強い人は他者受容は困難であるといえる。ここでいう自己受容とは、欠点や短所もあるが、そんな私にだって長所やチャーム・ポイントがある。そういう「ほどほどによい」自分自身をあるがままに受けいれていいるという心理状態のことである。

③自己表現・自己主張：今ここでの感情を素直に表現したり、自分の考え方や気持ちを主張したりする。自己表現は自己開示と同義語である。

④感受性：言語的または非言語のコミュニケーションにおける感受性はきわめて重要である。感受性がよいと、つまり察しがよいと、打てば響くような対話（会話ではない）が可能になる。

⑤信頼体験：これは他者との間で頼る（自分を任せる)、頼られる（任せられる）という体験である。または甘える、甘えられるという体験である。つまり相互依存の

体験である。甘えばかりでは幼児的である。甘えられない場合は甘える能力を持たないということになる。

⑥役割遂行：参加メンバーはまず役割を通じて関係づくりができる。感情交流できる関係づくりに時間のかかる参加者には、役割関係を通じてコンタクトできる場面があると気持ちが楽になれる。また「隠れた役割」（"hiden role"ゲシュタルト療法でいえば、地＝隠れた役割が図＝興味関心の的になること）の発見である。苦手な（自分の性格と正反対の役割）役割に挑戦してみて、自分の意外な能力を発見することもある。ＳＧＥワークショップには次のような役割がある。たとえば受付係、学習環境係、スナック係、音楽係、点呼係、伝令係、コンパ係など。

國分両先生は役割遂行について、次のような考え方をしている。構成的グループ・エンカウンターの役割分担には、会の運営・管理という理由以上の意味がある。それはワンネス、ウィネス、アイネスの実習または体験学習の機会になるという意味である。

たとえば、受付係は遠路はるばるやってきた人の気持ちになりきって（ワンネス）「よくいらっしゃいました」と挨拶する（ウィネス）、荷物をもって運び入れてあげる（ウィネス）がその例である。受付のテーブルに座ったまま、事務的に出欠をとるだけでは、SGEの実習にはならない。

また食事係は「役割の打合わせをかねて食事をとってほしい。それゆえ、テーブルには同じ係の人同士が座ってほしい」とアサーティブな行動をとるのはアイネスの初歩である。

それゆえ、各係はグループとしてどういう具体的なアクションをとればよいか、係のチーフはメンバーとシェアリングしてほしい。

受付係：玄関の入口などにも案内人を立ててほしい。受付係は参加者が会になじめるよう導入役をするのがねらいである。期間中もそのためのサービスを考えてほしい。

音楽係：朝、午後、夕方、それぞれの導入の音楽を工夫してほしい。「家にもどったときの安らぎの感情」が湧く音楽にしてほしい。エクササイズのバック・ミュージックとしてはリーダーと相談のこと。セッション間の休憩時には、幾種類かの雰囲気のものをメンバーの好みで流してほしい。

学習・環境係：初日の導入は椅子だけを扇形に並べてほしい。室内の温度、マイク、音楽の音響の度合い、板書の見やすさなども絶えずチェックしてほしい。

サービス係：湯茶・菓子などは参加者の年齢相当の質・量にしてほしい。

(3) シェアリング

エクササイズに取り組んだ後に、メンバーはシェアリングをする。エクササイズをするたびにこれをするとは限らない。エクササイズとシェアリングはコインの裏表のようなもので、相互補完的な関係にある。

シェアリングとはエクササイズに取り組んでみて、「感じたこと気づいたこと」を共有するという意味のことである。これには二種類ある。「ショート」のものと「ロング」のものである。前者はひとつないし複数のエクササイズを展開した後で行う平均一〇分から一五分程度の「シェアリング」のことである。後者はワン・セッション（約九〇分から二時間）全体をこれにあてるもので「全体シェアリング」といわれるもののことである。両者は区別される。ここではショート・シェアリングの意義について述べたい。

①同じエクササイズに取り組んだとしても、体験の内容はメンバーそれぞれみな違う。十人いれば十人ともみな違う。メンバー相互の固有の内的世界（体験）がひらかれることで学ぶことができるのである。「そうか、そのような考え方や受けとり方があるのか」「なるほど、こんなふうに感じる人もいるのか」と。

②メンバーは感じたこと気づいたことを自由に出し合うことで、自分の感じたこと

や考えたことや行動したことなどについて、整理することができる。整理できるとそれらの定着が促進される。すなわちエクササイズのねらい（例えば、自己理解、感受性、信頼体験など）が促進されることになる。

③ある感情を「体験する」とか「体験している」というときに"experience"とか"experiencing"という。このような感情体験の心理過程をシェアリングで引き出すには、「今どのように哀しいのですか」「どんなふうに怒っているのですか」とかというような月並みの質問になる。月並みの質問ではあるが、メンバー相互が自分の固有の体験をひらくとか、体験によって自分がひらかれていく過程では極めて大事な問いかけであると私は考えている。私のいいたいことは、國分康孝教授・國分久子教授のいう"oneness"（受容や共感を軸とした理解的態度）とはこのようなメンバー相互のかかわりによって生まれるものであるということである。

(4)　介入

さらに國分エンカウンターの進め方で特徴的な部分はリーダーの介入である。介入とはリーダーの割り込み指導のことである。割り込みとはリーダーが必要に応じて口を挟むことを意味する。

リーダーの介入はどのような状況や場面でするのか。どのようにするのか。

①参加メンバーが他者のプライドを傷つけるような発言をしたときである。たとえば、あるメンバーAさんがエクササイズの後のシェアリングでこう言ったとする。「私は絵が下手なので、このエクササイズでは伸び伸びできませんでした。私の絵が幼稚で、はずかしかった」と。それを聞いていた同じグループのBさんがその彼にこうフィードバックしたとする。「大の大人がそんなことをいちいち気にしているなんて、どうかしてますよ。自意識過剰ですよ。それはね。他者を気にしすぎるからですよ」と。

リーダーはこのように決めつけられたメンバーに対して介入する。「あなたは彼から指導されるような言い方をされて、どんな気持ちになりましたか。あなたの思ったこと（感情）を率直に言ってみてください。遠慮しないで言っていいのです」と。また「あなたは今どのように言い返したらいいのか、わからないのならば、私（リーダーのこと）が適当なセリフを教えますから、言ってみてください」と。ここではリーダーが補助自我になる。補助自我とは代え添え役をすることをいう。

②シェアリング場面で、あるメンバーがこの場面を仕切るようなことをした場合や、沈黙がちなメンバーに対して、「私たちばかり話しているんですけど、あなたも少し

自分のことを話してくださいよ」と、発言を強要したとき。たとえばリーダーはこう介入する。「このシェアリングで発言したいときに、自発的にかつ自由に発言できなかったと感じている人は挙手してくだい」「このシェアリングで、ちょっとあれこれ他のメンバーに指図してしまったなぁと思う人は挙手してください」と。

③ワークショップ参加者にはしばしば管理者がいる。その人が役割から抜けきれずに、他のメンバーを指導したり、管理者ふうの口のきき方をしたようなとき。

ところで介入はどうして必要なのか。

①参加者の心的外傷を予防するためである。心的外傷とは平たくいえば「こころの傷」である。こころの準備のないところで、突然プライドを傷つけられるような発言をされると、極めて不愉快になったり義憤を感じる。このようなときに、リーダーが介入しないと、このことが後々まで残る。メンバーが極度の不快や義憤を押し殺さないようにするには、介入が必要になる。同時にこのことは参加者の人権を守ることになる。シェアリングにおける沈黙の自由を擁護するのは人権擁護の視点にたっている。

②参加者に対して行動の仕方を学習させるためである。前述の介入例「あなたは今どのように言い返したらいいのか、わからないのならば、私（リーダーのこと）が適当なセリフを教えますから、言ってみてください」と。ここではリーダーが補助自我

になる。これは参加者の人権を守るとともに、自己主張の仕方を教えていることになる。

③エクササイズのねらいを達成するためである。

④参加者が自分の中に起きている抵抗に気づけるようにするためである。メンバー自身がこの抵抗に気づくと、防衛という鎧がとれて、ふれあいと自己発見が促進される。たとえば「何をどこまで話していいものか」「どんなふうに話せばいいものか」「自己開示してくださいと言われると、何か強制されているようで。本来こういうものは自分が自然と話したくなったときに、話すもんだと思んですけど。話さないでいると、凄くプレッシャーになってくる」というようなことをメンバーが言ったとする。このときにこう介入する。「あなたね、そういう言い方しないで、『私は今自分のことを話したくない』と言えばいいんですよ。言ってみて」「『強制されて私はいま不愉快だ』と言えばいいんですよ。遠慮しないで言っていいんですよ」と。

ところで國分エンカウンターでは、リーダーは能動的である。ベーシック・エンカウンター・グループではファシリテーター（促進者）という。両者の差について國分は次のように指摘している。「①能動性の差、②教育者というアイデンティティの強弱、③背景となる理論の多様性（折衷性）の強弱」（國分他、二〇〇〇年、二一〇頁）

であると。

引用文献・参考文献

・國分康孝『心とこころのふれあうとき』（黎明書房、一九七九年）
・國分康孝『エンカウンター』（誠信書房、一九八一年）
・D・シュルツ・上田吉一監訳・中西信男・古市裕一共訳『健康な人格』（川島書店、一九八三年）
・W・T・アンダーソン著・伊東　博訳『エスリンとアメリカの覚醒：人間の可能性への挑戦』（誠信書房、一九九八年）
・國分康孝・國分久子・片野智治・岡田　弘・加勇田修士・吉田隆江共著『エンカウンターとは何か：教師が学校で生かすために』（図書文化社、二〇〇〇年）
・國分康孝・國分久子・吉田隆江・加勇田修士・大関健道・朝日朋子著『エンカウンタースキルアップ』（図書文化社、二〇〇一年）
・國分康孝・片野智治『構成的グループ・エンカウンターの原理と進め方：リーダーのためのガイド』（誠信書房、二〇〇一年）

第二章

エクササイズの思想的・理論的背景

ここでは國分エンカウンターで使用されている「定番」のエクササイズをとりあげて、その思想的・理論的背景について述べる。定番のエクササイズとは、國分エンカウンターの原典になっている『エンカウンター』（誠信書房、一九八一年）の中で、取り扱われているエクササイズのことを原則として意味している。思想的背景とは実存主義、プラグマティズム、論理実証主義であり、これらはリーダーの行動のプリンシプル（原理や前提）になっている。またエクササイズ開発の過程で、カウンセリングの主要な理論や技法が活用されたり、これらが技法化されてエクササイズになっているものもある。

このようなことから、國分エンカウンターは開発的カウンセリングのグループ・アプローチの一方法であるといえるし、それはカウンセリングの一形態ということができる。しかしながら、リーダーは決してカウンセラーではない。

1 導入の講義

受付をすませた参加者たちは一堂にスクール形式で座っている。会場にはバック・ミュージックが流れている。茶菓子が用意されているので、それらを口にしている人もいる。遠方から参加してくる人も多いので、ホッと一息ついてもらうための配慮である。

定刻になると、司会者が参加者全員に立ってくださいと指示し、前後左右の人たちと、自己紹介をしながら握手をするように求める。時間は二分程度である。これが「リチュアル」である。これは國分ワークショップや研究会における儀礼的行動様式である。これでもって、参加者の緊張や不安が幾分和らげられるし、雰囲気があたたかな方向へ変化する。

リチュアルが終わると、オリエンテーションに入る。リーダーがワークショップの目的や方法、留意点について話し、「役割遂行」の依頼をする。さらに諸連絡があり、いよいよ導入の講義に入る。この間に小休止をする。

導入の講義のエッセンスは以下にある。リーダー（またはスーパーバイザー）は①防衛機制の解除、②親密さの形成、③コンフロンテーション、④試行錯誤と現実検討（エゴ機能の発揮）、⑤現実原則などについてふれる。

①防衛機制の解除とは、参加者は「知性化」（理屈っぽくなってしまうこと）をせずに、「感情」表現を心がけるという意味のことである。

②親密さ“intimacy”の形成とは参加メンバーの相互間で、今ここでのあるがままの

自分の気持ちを表現することで、リレーション"personal relation"形成をはかるということである。

③ここでいうコンフロンテーション"confrontation"(「対決」)とは、参加メンバー間で感情表現や自己主張をすることをためらわないで、必要に応じて「私は私である」と強く自分を打ち出すことである。

④ワークショップは「文化的孤島」であるので、「在りたいようにあれ」"Courage to be"を励行する。これは試行錯誤と現実検討（エゴ機能の発揮）になる。すなわち自分の頭のハエを負える範囲で、または自分が責任を負える範囲で、他者の人権を奪わない範囲で、自由に在りたいようにあれという意味である。ここでいう試行錯誤とは意識性と責任性による行動化"acting out"のことである。つまり現実検討（例えば他者に対して歯に衣を着せずにものを言うにしても、他者のプライドを傷つけるような言い方はしないとか、他者を言葉によって袋叩きにするような言動はしないとかというようなエゴ機能の発揮）が伴っているということである。

⑤現実原則とはルールのことである。守秘義務とか、セッションの開始時間を守るとか、職場や家庭とのコンタクトをとらないとかというルールが設定さる。精神分析的にいえば「現実原則に従いつつ、快楽原則を満たす」ということになる。

以上導入の講義内容のエッセンスについて述べた。

2　ペンネーム

これは「ゲシュタルトの祈り」を技法化したものである。"I am not in this world to live up to your expectations."「私がこの世に存在するのはあなたの期待にそうためではない」。

精神分析や行動主義理論を超えて、第三勢力に属したはパールズは、実存主義の精神をこのように謳いあげている。「祈り」の最後は「もし、たまたま私たちが出会うことがあれば、それはすばらしい。もし、出会うことがなくても、それはいたし方のないことである」となっている。

最後だけを注目すると、そこに寒々とした世界観を感じる。しかし、これが世の中の現実である。この現実を私たちがどう受けとめるか、そのうえに立って私たちがどう動くかは私たち次第ということになる。

私たちがこの人生に出会ったとき、自分の意志ではいかんともしがたいものが二つあった。それはこの世の中に誕生したこと、そして名前をつけてもらったことである。

後者については遅まきながら、自分が自分に名前をつけることによって、この人生の主人公は私であると宣言するわけである。それは意識性と責任性において、この世の中を生きていくという宣言である。これが國分がよく教える“Courage to be.”“Being is choosing.”へと繋がっていく。

3 歩き回る・握手

國分の教え（実存主義）では、自由と自律に「孤独」と「不安」はつきものであるという。孤独に耐えられずに、不安に耐えられずに、自分の意思とはうらはらの行動を私たちはとりがちである。こうなると「ほんとうの自分」から遠くなっていく。これが自己疎外である。そこでほんとうの自分を保つためには孤独と不安に耐えねばならない。私のことばで翻訳すれば、やせ我慢をせねばならないということである。

アイコンタクトをしながら握手する。みずから動いて握手を求めていく。これは積極的なリレーションづくりである。アイコンタクトと握手はボディ・ランゲージである。「目は口ほどものを言う」し、握手はスキンシップになる。

やせ我慢であったとしても孤独と不安を甘受しながら、一方でふれあいを求める。

4　二人一組（きき合う）

エンカウンターの出発点は相互に関心を持ち合うことである。「遠慮せず、聞き過ぎず」の精神丸出しで相手に迫る。遠慮は気兼ねである。遠く慮る（おもんばかる）とはいろいろな気持ちを重ね合わせてしまうことをいう。このようなことを初対面の彼に聞くと失礼になるかもしれない、こんなことを聞いたら彼からどのように思われるだろうか、というような気くばりを重ねてしまうと、戸惑ってしまう。これは防衛になる。相手に対して気づかっているように見えるが、これは自意識過剰ということになる。そうしないで、あなたと親しくなりたい、仲良くなりたいという気持ち（関心）をストレートにぶつけていくのである。このような好意の念を相手に伝える出発点が質問（問いかける）である。

國分はジャンケンをして、勝った方に質問をするように指示している。このジャンケンは交流分析でいうと「子ども心"Child"」を出させることになる。相互に天真爛漫、無邪気な心になれるようにしている。つまり遠慮や気兼ねは不要であると言っているわけである。

5　マッサージ

このエクササイズをあるところで試みたとき、これをパスしたいという五〇過ぎの男性がいた。その理由を問うたところ彼はこう言った。「甘えることが癖になってしまうから」と答えた。また新任教員の研修のときにこれを試みた。ある男性が「したくない」と言った。理由は「私には恋人がいて、恋人以外の女性に触れることはしたくない」と。

このエクササイズのねらいはスキンシップを介してリレーションをつくっていくところにある。國分はリレーションの原初的形態は授乳体験であるとする。これは精神分析理論に依拠している。母の乳房に口唇が触れる。乳を吸入する。原初的体験はふたつ同時になる。愛着行動（アタッチメント）の原初的行動がこのふたつになる。國分はハーローの実験を紹介している。この世界では著名な実験である。

甘える甘えられるの両方をできることが、人間関係をつくったり保ったりしていくうえで極めて重要となる。一方に偏ると、関係がギクシャクしてくる。

ところで他人（ひと）にマッサージしてもらっているとき、こんなにも気持ちのよいものかという快感を体験できる人は幸せである。この甘えに伴うこの快感が「癒し」に繋がる。器具を使って自分で肩をほごすことがある。単に筋肉をほごす程度である。

6 将来願望

お互い横に座り、肩に手をまわすのはスキンシップである。この人は私にとって大切な存在であることを互いに許容し合っている間柄であるという意味である。仮に許容できそうでなければ、パスしたいといえばよい。それは「自分の問題」であって、相手の問題ではない。ゆえに「パスしたら相手に申し訳ない」と思うのは偽善である。またパスされたからといって、自分を責める必要はまったくない。

「それは自分の問題」と決めつけてしまうのは、自分がある特定の感情にとらわれている、ある特定の思考にとらわれている、ある特定の行動の仕方にとらわれているということである。

國分はメンバー相互の自己開示にかなり気配りをしている。つまり相互の防衛機制（例えば回避、合理化、知性化など）を想定している。防衛は抵抗となる。これが高じると心的外傷になる。それを予防するための配慮や気配りを國分はしている。

このような気配りをしながらも、國分は自己開示する勇気を持てとメンバーに求める。「虎穴に入らずんば虎子を得ず」とか「案ずるより産むがやすし」とかという心境に立って、自己開示について述べている。

抵抗を予防するための気配りは①取捨選択せずに思いつくままに、②箇条書きのように、③一分間で、というようなものである。

因みに、私の現時点での将来願望は次のようなことである。水彩画を勉強したい。パソコンを自由に使いたい。東ヨーロッパの国々を旅したい。ウィーンやワルシャワの街々を写真にとりたい。庭先に珍しい草花をたくさん植えたい。不登校児童生徒向けのＳＧＥエクササイズを開発したい。教育カウンセリング心理学を体系化したい。夜間大学院で社会人を教えたい。全国の一本桜を描いたり、写真にとりたい。風に哀を乗せてたい。……

7　印象を語る

「無用な防衛機制」の典型的なものは「遠慮」「気兼ね」「謙譲」などである。これらは相手に対して、気配りや心配りをしているように思えるが、ホンネが別にある場合がしばしばある。たとえば「厚かましい奴（人）だと思われたくない」「相手に不快感を与えたくない」「相手に迷惑をかけるべきではない」「恥知らずの人間だと思われたくない」というようなビリーフ（先入観）にとらわれている場合である。

このうな思い込み（ビリーフ）に囚われていると、自分の言動が不自由になる。そこでこの「印象を語る」というエクササイズが効果を発揮する。相互に親密な関係をつくりたいという願望を持っているもの同士であれば、自然とポジティブな印象を他者に伝えることになる。その結果他者の言動が自由になる。同時に自分の言動に対して無用の気づかいをしなくて済む。

8　リーダーについてききたいこと、感じたこと

リーダーは模倣の対象であると、國分は指摘する。メンバーにとってリーダーが模倣の対象になるには次のような条件が必要であると、私は考えている。①メンバーにとってリーダーが海のものとも山のものともわからぬ状態では、親近感がわかない。同時に依存の対象にならない。依存の対象にならなければ、模倣という学習は成立しない。これはすべての場合においてという意味ではない。私たちは見知らぬ著者の著

書にふれて、その考え方や行動の仕方に傾倒する場合があるからである。いずれにしても心理的距離を近くする必要性がある。②リーダーはＳＧＥに通じていることである。専門性である。③リーダーという役割を必要に応じて脱いで、一人の人間としてメンバーと相対することである。

これらの条件をはずしてしまうと、行路の人となったり、権威主義的なリーダー（プロフェッショナリズムに陥ったリーダー）になってしまう。こう考えると、このエクササイズには意義がある。つまりメンバーとリーダーとのリレーション形成（心理的距離を近づけること）に有効である。

メンバー間の心理的距離が近いという意味は、互いが防衛という鎧をはずしていることである。お互いが自意識過剰になっていない（他者のまなざしを気にしていない）。見栄をはらなくてすむ。「聞くは一時の恥、聞かぬは一生の恥」という諺がある。こんな質問をしたら（レベルの低い質問をしたら）、仲間やリーダーから「彼はこんなことも知らなかったのか」と、見下されてしまうのではないかという防衛があると、質問が思うようにできない。

質問するときに、次のような前置きが入ることがある。「素朴な質問ですが」とか「基本的なことに関する質問ですが」と。これは防衛である。またひとりの人が三つも四つも同時に質問する。質問の機会は参加メンバーに平等に与えられるわけであるから、私は欲張っても二つぐらいまでが一度にするには適当だと判断している。多くの質問をして独占するのも、私は防衛の一種であると思っている。

また「偉い講師に対して、質問をするのは失礼なことである。そういう自分を恥ずべきである」という考え方をする人もいるが、これは非論理的であると思う。

9　四人一組（他者紹介）

二人ずつ手をつないでぶらぶら歩いて相手のペアを探して、四人一組になる。最初のペアを分かれさせない理由がある。参加者相互のリレーションが十分でないと、分離不安が起きるからである。これを予防する意図がここにある。また二人ずつ手をつないでという意味は新しいペアと四人一組をつくるときの緊張を和らげるためである。保育園や幼稚園、小学校の校門の付近で、母親から離れられずに泣きじゃくる子どもがいる。これは分離不安のために泣くのである。新しい環境や人間関係に対して、これまでの関係を断ち切ってリレーションをシフトするのは大人でさえ気苦労のいる（ストレスフル）ことである。

さて自分のパートナーを紹介する段になって、彼（彼女）について覚えていないということがよくある。これまでのエクササイズを通して、相棒についてかなり聞いてきたはずである。なぜか。これは聴き方に誠意がないからである。リレーションが十分でないと、耳を通り抜けるだけになりがちであるということを示している。つまりエクササイズをうまくすることに気をとられていて、相手のことばが自分の胸に響いてこないのである。

10　ブラインド・ウォーク

このエクササイズは他者に自分を任せきるという体験と、やさしさを出し惜しみしないという体験をするところにねらいがある。頼る（信頼する）ということはできるようで、なかなか出来ないものである。なぜか。私たちには猜疑心があるからである。社会的には響きの悪いことばであるが、これは誰にでもあるもの。私のことばで翻訳すると、これがあるから私たちは他者にだまされないですむ。用心することができる。

私たちがやさしさ（愛・ケア）を出し惜しみするのはなぜか。精神分析でいえば、これはトイレの躾の過程で身につくものである。

また目を閉じられなかったり、途中で開いてしまう人がいる。國分はこれは「外界に対する不安や不信」であるという。すなわち外界との和解・交流ができていないという意味のことである。母子の間で安定した「愛着」が形成されていると、子どもは「いないいないい」「ばぁ」に微笑む。ここには安心感・安定感がある。

11　四人一組（自己を開く）

このエクササイズは「今までの自分の人生に最も影響を与えた人物あるいは出来事」について語るというものである。これはかなり個人の内面にふれるエクササイズである。ゆえに、メンバーにとっては深い自己開示になる。但し、エクササイズのテーマを通常で理解すれば、「よい意味で」影響を与えた人物あるいは出来事ということになるので、自己開示のレベルとしては深いが、抵抗は少ないと判断される。自己開示のレベルが深いという意味は、語り手がこの人物をその後の人生においてモデル（模倣対象）として生きてきているということが容易に推測できるということである。また最も影響を与えた出来事は、語り手のその後の人生において、よいにつけ悪いにつけ、その出来事が彼にとってひとつの転機になっているというようなことは容易に推測できる。

そこで聴方が問題となる。よくない聴き方として、話し手の顔を見ていないということが挙げられる。他人様（ひとさま）の人生の一部を聴かせてもらうのであるから、誠意ある姿勢を示すべきであるという考え方になる。國分はよくいう。メンバーが自分の人生のある部分を語るときには、「他人（ひと）の話（人生）を一笑に付すな」という戒めは、國分エンカウンターにはルールとして存在している。

それが人生の一コマであっても、それは実存そのものなのであって、それ自体がユニークネスである。それを聴かせてもらうのであるから、リーダーは個々のメンバーにお茶の一杯でも用意して配るのは礼儀である。こういう考え方に立つと、吉本伊信の内観の世界になる。すなわち感謝の念を忘れてはならぬという意味である。

12　八人一組（ブレイン・ストーミング）

このエクササイズで國分が留意していることが二つある。①もともとの四人一組が八人一組になったときに「相互にミックスして座る」という留意点である。集団の和（つまりリレーション）が育ちやすい。リーダーはつねにメンバー間のリレーションづくりを念頭に置いておかねばならぬ。またミックスした方が集団の和を育てるには効率的かつ効果的であるという判断がそこにある。この発想（または考え方）はプラグマティズムにある。これは名言である。②「意識性のないラボラトリィ（実験室）はその名に値しない」という。実存主義から意識性を欠いてしまったならば、それは実存主義ではなくなる。酔生夢死という意識性の乏しいあり方生き方は実存的ではないのである。

「イの一番に自らとんで来た」メンバーを高く評価するのは、主体性のある言動は実存そのものであるという考え方に立っている。

13　八人一組（共同描画）

「ボディ・ランゲージはホンネを正直に表現している」という國分の指摘はまさにそうである。ボディ・ランゲージとは身体言語のことである。非言語的表現の中核を占めている。コミュニケーションの大部分は非言語的表現が占める。ゆえにボディ・ランゲージはコミュニケーション機能の主要な部分である。身振り手振りや目顔・表情、ジェスチャーがこの中に入る。話し手が仮りに「嬉しい」という感情を述べれば、目顔のうれしさと一致しているのが自然である。ところが交流分析でいう裏面交流（例えばお世辞や追従をいう、ホンネと言っていることが違う）ではそうはならない。

「日本語を使わない」という枠組みを与えることは、メンバーの子ども心（天真爛漫・無邪気な心）を誘発したいという意図である。メンバーは自分の思いを日本語以外の言語で伝えようというインストラクションの背景には、交流分析でいうFC（フリー・チャイルド）丸出しにせよという理論的背景がある。大人がFC丸出しにするということは「退行」することをいう。必要に応じて退行できると、リレーションがつくりやすいのである。

ところが大人の中にはなかなか退行できない人がいる。何を隠そう私もそのうちのひとりである。俗にいう「優等生」「よい子」「ぶりっ子」は自意識過剰（他者のまなざしを意識しすぎる心理状態）なので、退行できないのである。

14　十六人一組（童謡）

交流分析では必要に応じてP（親心）、A（大人な心）、C（子ども心）を、自由に出し入れできる自我の持ち主が心理的に健康な人格であると考えている。自我とは精神分析の用語である。自我は超自我（禁止命令）とエス（快楽原則）の調整機能を持つ。自我が未熟であるとは、この調整機能が十分でないということである。つまり①欲求不満耐性が低い（我慢強さに欠ける）、②現実判断が乏しい、③行動（反応）の仕方がワンパターン、④抑制（自己コントロール）が弱いという人は、自我が成熟していないということになる。

このエクササイズは童謡を唄うものである。童謡を唄うのであるから、童心にかえった方がよい。童心にかえるとはC（子ども心）を発揮する行動パターンになることである。C（子ども心）には二種類ある。従順な心（親や教師のような重要な他者が教える禁止命令に従おうとする心）と天真爛漫・無邪気な心の二種類である。童心というのは後者である。童謡を唄うときは天真爛漫・無邪気な心丸出しの方がよい。

天真爛漫・無邪気な心丸出しを求めるのがレクレーションやゲームである。教養や学歴、社会的地位を脇において、童心にかえって、これらにはまるのである。これらが人間関係づくり（リレーションづくり）に活用される意図はここにある。ここでいうリレーションとは「われわれ意識」のことである。ゆえに、われわれ意識（仲間意識）づくりにはC（子ども心、童心）にかえるのが効果的であるという理由はここにある。

15　全員一組（集団討議）

このエクササイズでＣ（子ども心、童心）を味わえる歌を二曲唄うのは、リレーションづくりのためである。童心にかえるというのは防衛機制を取り除くためである。童心に浸ることで、心身をリラックスできる。また「ルールはひとり一回の発言を一分以内にとどめる」という条件をつけるのは、他人の時間を奪ってはならない、他人の発言の機会を奪ってはならないという現実原則をリーダーが重視しているということである。この現実原則が守られないときは、リーダーが介入する。

メンバーが話したいだけ話すことは、当事者にすれば、快楽原則を満たすことになる。しかし、國分の考えはそうではない。「現実原則に従いつつ、快楽原則を満たす」「エスあるところに、エゴあらしめよ」という判断を、國分はする。

16　自己主張訓練（紙つぶて、私のお願いを聞いて）

恋愛しているカップルが立ち止まって、別れ際に両者がじっとみつめあう。目と目で会話する。これは自己表現である。一方恋愛関係を経て、あるとき男性が「君と結婚したい」とプロポーズする。これは自己主張である。共通点は自分を打ち出していることである。

日本の文化は以心伝心の文化である。「そんなこと、口に出していわなくてもわかってくているはずである」「何であなたは私の『意を汲んでくれないの』」という文化である。このような文化のもとでは歯に衣をきせぬ率直な言い方をすると、話し手の方がかえって気をつかってしまう。

しかし、現今は違う。パワー・ハラスメントが取り沙汰されるようになってきた。言いたいことは、人権を守るために自己主張（アサーション）する時代であるということである。このような風潮（時代の変化、流れ）になってきているのに、自己主張できないということになれば、他者からなめられる。「言うべきときにも、何も言えない人である」という評価になる。本人自身も屈辱感や敗北感を味わうことになるし、後悔をすることになる。つまるところ、自己卑下することになりかねない。

剣道における「裂帛（れっぱく）の気合」は昇華された攻撃欲のことであると、國分は解説している。職場では上司に向かって言いたくとも言えない「バカヤロー」（現在では差別用語になっている）を、川原でひとり叫ぶ（絶叫療法）のは社会的に容認される方法である。

ホンネを表現できなくなったり、主張できなくなったりすると、つまりエンカウンターできなくなると、自己疎外に陥りやすい。

強調したいことは、SGEの自己主張は「主張反応」（行動療法）の感情克服（例えば、怖い、失愛恐怖の克服）がねらいである。

(1)　紙つぶて①②

自己主張には気概（勇気）が必要である。奥歯にものが挟まったようなパンチのきかない言い方は、気概に欠ける。そこで國分はこういう。

気合いを入れて①「ノー」（私は私である。私の主人公は私である）といいながら、紙つぶてを投げよと。私のことばで翻訳すると、実存主義の精神の行動化（アクティング・アウト）であり、気概の行動化である。②「ノー・アイ・アム・アイ」というエクササイズも同じである。

自己主張は他者とのよい人間関係を保つためのものである。自己中的に言いたいことをいう（これはわがまま）とか、相手を屈伏させる（これは支配欲）ためのものではない。

(2) 私のお願いを聞いて

他者を説得するときには、無理強いしないまでも、ある程度の強引さは必要とされる。ちょっとやそっとではあきらめない。押してだめなら引いてみなというように、手をかえ品をかえてお願いするという粘り強さを出しながら、このエクササイズに取り組む。ここにねらいがある。換言すれば、「フラストレーションに耐えながらあくまで主張し続ける」（國分）ところが、このエクササイズをするときの留意点である。

17　自己表現訓練（視線による会話、手による会話、表情による表現、音声による表現、アニマル・プレイ）

SGEには、感情の共有の面と、分離（セパレーション）・対決（コンフロンテーション）の両面があると、國分は指摘する。前者が自己表現であり、後者は自己主張である。両者を識別すると、次のようになる。

自己表現	自己主張
受容・共感的要素	説得的要素
自他の一体感	自他の分離意識
リレーション	セパレーション
	コンフロンテーション
（ワンネス）	（アイネス）

ワンネス（oneness）とは、相手の身になることである。これが成立するには条件がある。①相手に対して好意の念があること。②非審判的・許容的であること。不思善悪といって、相手を善悪の基準で見たり、評価的に見ないという態度のことである。③自他の感情に対して互いが敏感になっていること。

アイネスと（Iness）とは「私は私である（あなたはあなたである）」と、自他のユニークネス（固有性）を互いに自覚して、両者の「かけがえのなさ」を尊重し合っている態度のことである。

(1) 視線による会話

目は「目は口ほどにものを言う」とか、「目で人を射る」とかといわれるように、コミュニケーションの大事な機能（非言語的機能）を持っている。目線が合わない（目線を合わせられない）。相手の目を見るのが怖い。（会話中に）キョロキョロしたり、目線をはずして上を見たり、斜め上を見たりする。これらは本人の今ここでの気持ちの非言語的表現である。たとえば気持ちが落ち着かないとか、照れくさい、気恥ずかしいとかというような心理状態を表現している。

そこで相手をしっかり見て、自分の気持ち（例えばやさしさやかなしみの情など）を無言で伝える。

(2) 手による会話

母子や父子が手をつなぐ。恋人同士が手をつなぐ。これはスキンシップである。愛情交流をしている。互いが親密になれば、自然と手をつなぎたくなる。子どもが父母と手をつなごうとするのは甘えであり、安心感と安定感を得る。恋人同士が手をつなぐのも甘えである。愛情交流とは甘えの交流のことである。「相互依存」"interdependency"である。

緊張したり興奮したりすると掌が汗ばんでくる。そこでこのエクササイズをためらうメンバーがいる。自然の生理的現象なので、これにとらわれないほうがよい。

(3) 表情による表現

百貨店で接客する部署の新入社員は、表情による表現の研修をする。表情の豊かさは自己表現に欠かせない。

私は幼馴染みによくこう言われた。「お前はとっつきにくい感じを他人（ひと）に与える」「お前は何を考えているのかわからないというところがある」と。私は口数が多いほうではない。そのうえに表情が「乏しい」と、彼は言ってくれたのだと思う。私の自己盲点を言ってくれたのである。表情は「感情によって変化する顔つき（目顔）」のことである。表情が乏しいと言われた私には、感情を露にすべきではないというビリーフ（固定観念）があった。

(4)　音声による表現

口調や語調で感情は表現される。いわずもがなである。

声音（こわね）とは声色（こわいろ）のことである。つまり声の響きを意味する。

声帯模写という芸があるくらいに、人の声には特徴がある。これに口調や語調の変化が伴うと、自己表現の幅が広がる。

留意点は口調や語調にわざとらしさが伴うと、他者に不快感を与えるということである。

(5)　アニマル・プレイ

このエクササイズは照れくさくなるし、教養が邪魔をするエクササイズである。すなわちナルシシズムを粉砕されるエクササイズである。私はこれを体験したお陰で、自己分析ができた。ナルシシズムが強かった私は、このエクササイズをはじめるやいなや、鳥肌が立ってきた。

ナルシシズムが強いという傾向を持つ私は、人前で「ええ格好しい」である。他者のまなざしに自意識過剰になってしまう。そういう私であるから、鳥肌が立ったのも無理はなかったと、今は思う。

私自身は自己分析（自己発見）というものにずっと取り組んできた。ＳＧＥ実践をずっとしてきたので、これはリーダーとしての務めだと考えている。自己分析のお陰で自分のことがわかってきた。その結果、他人のこともわかるようになってきた。

あるとき、私がリーダーをしたＳＧＥに参加したメンバーが「片野さんのＳＧＥは○○さんのリーダーと比べると冷たい感じがした」と言っていた。「また片野さんはおしつけがましい」と。このような言い方は残念である。

私が仮りにそのメンバーであったならば、次のように自己分析していくであろう（自問自答する）。「リーダーにやさしさを求めている自分はどんな自分なのか」「おしつけがましいと感じる自分はどんな自分なのか」と。私たちはしばしば他人という鏡に自分を写し出している。しかしその鏡に写っている自分の冷たさやおしつけがましさが見えない場合がある。なぜか。自分が「反動形成」（防衛機制）という鎧を着けているからである。自分が冷たかったりおしつけがましいとき、それを覆い隠そうとして、それとは正反対の言動をする場合がある。もちろんそういう自分であることに気づいていなくて、私はやさしいとか、私は強引な人間ではないとかと思い込んでいるのである。

リーダーは自分の行動のパターンや、その意味、そしてその原因について、自問自答する機会を多く持つことである。

18 傾聴訓練（受容、繰り返し、明確化、支持、質問）

ここでの目的について國分は次のように説明している。「心のふれあう対話の精神を体験学習する」と。対話の精神とは傾聴の精神のことである。それを國分は具体的に挙げている。①「人の話を一笑にふすな、相手の気持ちをわかろうとせよ」、②「ことば尻をつかまえるな。感情をつかめ」。揚げ足をとるとか、矛盾をつくとか理屈で追い詰めるようなことをするとか、このようなことをするなと指摘している。ふれあいは相互の内的世界を共有するということである。

ごく最近國分両教授がリーダーをするワークショップがあった。教え子たちの希望があって、久しぶりにリーダーを二泊三日間つとめられた。映像に残すために、カメラが入った。カメラが入るということはわかっていたが、あるメンバーがこのような媒体が入るとホンネを語れないと抵抗を示した。その時に私は彼と対決（コンフロンテーション）するような形の言い方をしてしまった。「媒体が入ったぐらいで、ホンネを語れないなんて……」と。私のこのような反応は彼の言うにいわれぬ気持ちを察していなかったと思う。しかし、その彼のすぐそばにいたあるメンバーはこう反応した。「あなたの気持ちは僕にはよくわかる」と、ことばはごくありふれていたが、彼は涙していた。これが傾聴である。

傾聴訓練の実習は、聞き手は語り手に遠慮なく注文をつける。「タイミングよくうなずいてほしい」「ほほ笑みながらうなずいてほしい」「オープン・クエスチョンをしてほしい」とかと。このような注文を遠慮なくつけることができるのは、双方との間にリレーションがあるからである。同時に聞き手が自分の感情を意識化しているからである。言い方を換えると、自分が「体験に開かれている」からである。

SGEの中の傾聴訓練は会話の仕方のトレーニングではない。対話の仕方の訓練である。繰り返すが、メンバーが相互に自分の体験に開かれていないと、この訓練のレベルは低くなる。また興奮していたり緊張していたりすると、聞いているようで聞き流していることが多い。それは聞き手が自分の体験（感情）を意識化できなくなるからである。

國分は「傾聴とは受身的態度のことではない」「相手のホンネに迫る能動的な聴き方」であるという。英語では傾聴を“active listening”という。ホンネに迫るとは枝葉を切り落として、エッセンスの部分を聴き掴むことをいう。

19　中立的会話

雑談とか「だらだら話」は人間関係においては大事な要素である。これについて言えば、私はこの種の会話が極めて苦手なので、ずっとこの問題の解決策や対応策を考えてきた。國分は「木戸に立ちかけせし衣食住」を提示している。またＴＢＳのあるベテランのニュースキャスターは「話し方寝て食う住むところ」を提案している。私はこれらを参考にして、文章を短くしている。「話し方好き嫌い」として、話題探しに役立ている。大学生の中には、話がとぎれて沈黙が生じると、あわてたり焦ったりしてしまうという人が多い。沈黙は大敵なのである。また初対面の場面では、すんなりうちとけた会話ができるかどうか気にやんだり心配したりする人も多い。

「話し方好き嫌い」の「は」は今自分がはりきっていること、打ち込んでいること、はまっていることなどを話題にすることをいう。「な」は懐かしいこと（出来事、人物）、「し」はしたいこと（夢や願望）や趣味、しあわせ気分になった最近の出来事、

「か」はかなしかったこと、「た」は楽しかったことなどを話題にすることをいう。

20 自己理解をねらったエクササイズ

國分は自己理解とは何かについて、こう答えている。それは「自分の実態」に気づくことであると。自分の実態に気づくこととは、自分の行動のパターン（傾向や特徴、片寄り）や心理内容に気づくという意味のことである。前者について詳述すると、自分の中にある防衛機制に気づくことをいう。防衛機制とは自分の心理状態（心や気持ち）を保つために、無意識のうちに「鎧」をつけることをいう。

たとえば反動形成とは、自分には思いやりの気持ちが乏しいと過剰に意識していると、一方で必要以上に気配りや心配りをしている自分がいるということである。また自分が弱い人間であることに敏感になっている人は、対人行動では必要以上に威張ってみたり、やたら支配的になってみたり（高圧的になってみたり）する傾向がある。知性化とはやたら理屈ぽくなることである。この最たるものが屁理屈で固める言動をいう。合理化とはくどくどと自己弁護する心理をいう。

このような自分の実態（傾向や特徴、片寄り）に気づくことにどのような意味があるか。その意義は自分のホンネに気づくことができるということである。つまりエンカウンターしやすくなる。例えば今の私は必要以上に理屈っぽくなっている（知性化）。これは私が防衛しているからだと気づけるようになる。そこで私のホンネはいったい何か（どこにあるのか）。私は多方面からの質問に応えられなくなって、自分がボロを出してしまうのを恐れているからである。他者評価を気にしすぎている自分がいる。この人がホンネを表現するとすれば、「私はボロを出してしまって、まわりから否定的に評価をされることを気にしている自分がいます」ということになる。もうひとつ例をあげる。感情転移というものがある。これは父母に向けるべき感情を何らかの事由で向けることができないので、父母に似た人物に無意識のうちに向けてしまう心理である。たとえば学齢期にある児童生徒が、日頃父母に甘えられない気持ちを保健室の先生に向けるとか、父を嫌う青年が父に似た上司やカウンセラーに反発してしまうとかという心理である。

心理内容に気づくとはどのようなことか。たとえば新任地に赴任した人が上司との関係がうまくいかなくなっているという場合。自分が新しい職場にとって招かざる客のような存在だったということを後から知る。その人は自然とその職場の人達（特に上司）に気にいられたいという気持ちがつのる。そこで人一倍仕事に精を出す。しかも失敗しないようにという気持ちになる。これがすすむと、心配することに過敏になって恐怖に変わる。恐怖が上司に転移して、上司が怖くなる。上司の前に出るとおどおどするようになる。このような気持ちを長期間持ち続けると、身体症状（転換症状、例えば頭痛、胃痛など）となってあらわれる。これは失愛恐怖のなせるわざである。失愛恐怖とは重要な他者から認めてもらえなくなるのではないかという不安のことである。

國分は自分の中にあるコンプレックス（感情のしこり、ある感情へのとらわれ）に気づくとよいと指摘している。コンプレックスには次のようなものがある。エディプス・コンプレックスや、カイン・コンプレックス、ダイアナ・コンプレックス、スペキュタクラ・コンプレックス、ナルシシズム。

これらの他に、心理内容としてはイラショナル・ビリーフ（論理療法でいう非論理的な先入観、固定観念、考え方、見方、受けとり方、受けとめ方などをいう）があげられる。

以上要約すると、ＳＧＥのエクササイズは自分をアセスメントするのに有効である。

21　金魚鉢方式

性格とは「外界（他者）への反応の仕方」のことをいう。國分は集団の中に置かれたときに性格はよくわかるという。

パートナーは相棒の応答の仕方の特徴や傾向などを注意深く観察する。もちろんここでいう観察とは「参加的観察」をすることをいう。これは相手の世界を相手の目で見ていながら（自分の先入観や考え方、見方を一時的に脇において）、一方さめた自分の目で相棒を観察するという意味である。

國分は「よい集団討議の四条件」を挙げている。①脱線しない。②リレーションがある。③発言者に片寄りがない。④引き出す場面がある。集団討議をしている過程で、これらの四つの視点から参加的観察をしていると、メンバーの行動パターンが見えてくるのである。例示する。

話合いの過程で、他人の話題をとってしまう人がいる。話題をとるとは、語り手Aさんの気持ちにはおかまいなく、その話を先にすすめたり、飛躍させたり、自分のことに置き換えてしまったりすることをいう。これの反対は、最初に出た話題に引っ張られて、いつまでもそれに終始するというものである。途中で話題を変えることに、メンバーがためらっていて、時間切れになるというパターンである。前者と後者の共通点は、メンバーがこの集団討議に欲求不満を感じてしまうところにある。またこのグループにリレーションが形成されていないというのも共通点である。リレーションが形成されていれば、あるメンバーが「話をもとのAさんのところにもどしませんか」とか「(Aさんが)私の話が途中できられてしまったようで不愉快でした」とか、「話題を変えてもいいですか」とかというリアクションが起こる。

グループを仕切る人がいると、「じゃ、どういう順番で話しましょうか。こちらから時計まわり(または反対まわり)でいきましょうか」「Bさん、あなたからどうですか」というような割込みが入る。順番で話すことになるので、一見すると発言者に片寄りはなくなる。しかしこれは発言の機会を強制的に平等にしているだけのことである。メンバーの中には発言したくないメンバーがいるかもしれない。ゆえに話したいと思うメンバーが口火をきればよいのである。

集団討議で口数の極めて少ないメンバーがいる。また聞き手にまわっているメンバーがいる。自分の世界で他者が言った内容について反芻したり思い巡らしているのである。このようなときに「水を向ける」というアクションが入る。つまり引出す行動である。

話をとってしまう、話を先にすすめてしまう、他者の話を自分に置き換えてしまう、グループを仕切りたがる、水を向ける、水を向けられてからおもむろに話す、沈黙がちであるというような行動が、グループ討議の過程で見出される。このようにメンバー相互の応答の仕方の特徴や傾向を参加的観察をして、それらをフィードバックしあうことで、自分の実態に気づくことができる。このような学習は他者がいないとできないものである。

22　自己概念カード

自己概念とは「自分が自分をどう見ているか、受けとっているのか」という自己像のことである。これは重要な他者（例　親、教師、親友など）の他者評価を摂取して、自分がつくりあげた自己像のことである。國分は「これが性格の決め手になる」と指摘している。

自己概念は個々人の「内的準拠枠」である。つまり行動の内的基準になっている。たとえば「私は引っ込み思案です」という自己概念を持っているメンバーは、過去に重要な他者から、いろいろな機会に「あなたは引っ込み思案なところがあるなぁ。もっと自分の意見や考えを自己主張した方がいいけど」とか、「こういうときは、ダメもとでさぁ、挑戦してみるといいとおもうけど。君のそういう引っ込み思案のところは改めた方がよいと思うよ」と言われた経験を持っている。これが刷り込まれて「私は引っ込み思案です」という自己像を自分がつくってしまう。

さらに、個々人は自己概念にあわせるように、そのように行動する。そして引っ込み思案の人はそのような行動をしたときに、自分で納得してしまう。私はどちらかといえば引っ込み思案なのだからこれでいいのだと。また「私は責任感がつよいです」という自己像を持っているメンバーならば、要領よく仕事を片付けて手間ひまを省くというよりも、陰日向なく、堅実に、せねばならぬことを遂行する。手抜きをしたりすることは自分らしく思えないので、手抜きをしたりせず、人の見ていないところでもきちんと仕事をして責任を果たそうとする。

自己概念の主たる構成要素はセルフ・エスティームである。セルフ・エスティームとは自分に対する価値的・感情的判断（または評価）のことである。いくつか例示する。

①私はだいたいにおいて自分が好きだ。
②私はつらい状態に耐えていける自分だと思う。
③私は自分を得意に思うことがよくある。
④私はまわりに必要とされていないとよく思う。
⑤私は自分に失望ばかりしています。

このような項目に対して、ポジティブな方向で自分を評価できるメンバーは、セルフ・エスティームが高くなる。つまり自己肯定感が高いという。一方これが高すぎると、高慢ちきな人とか鼻持ちならぬ人、うぬぼれが強い人とかという。

自己概念が性格の決め手になるという意味は以上のことを含んでいる。

23 エゴグラム

交流分析はエリック・バーンによって創始された。國分はこれを「精神分析の大衆版」であると述べている。

交流分析の中に「構造分析」というものがある。これは性格構造論になっている。エクササイズ「エゴグラム」の理論的背景はここにある。

交流分析では、性格はP（親心）・A（大人心）・C（子ども心）の三つから成りたっていると考える。さらに親心には父心と母心（CP・NP）があり、子ども心には天真爛漫な子ども心と、親や教師のいいつけ（禁止命令）を守ろうとする従順な子ども心（AC）とがあると考える。さらに交流分析では、心理的に健康な人とは、これらの五つの心をTPOに応じて自由に出し入れできる人であると考える。たとえば、懇親会に行ったら、天真爛漫さや無邪気な子ども心（FC）を出して楽しめる人が健康な人といえる。懇親会の幹事になった人ならば、大人心（A）や母心（NP）を出して、精算のときに赤字をださないとか、飲み過ぎの参加者に適度な介護をするとかできる人といえる。

エゴグラムは自我状態の特徴（傾向や片寄り）をグラフにしたものである。自我とは超自我（良心とか禁止命令のこと）とエス（これは本能のことで快楽原則に従う）の間をとりもつ調整機能のことである（＝現実原則）。自我が十分に発達し機能するようになると、その人の行動には次のような特徴があらわれてくる。①我慢強くなる。欲求不満耐性が高くなる。例えば遊びに行きたいが宿題があるから我慢するとか。②行動の仕方に柔軟性がでてくる。つまり多様な行動をするようになる。例えば企業戦士のように働き蜂だった人が、余暇を楽しんだりボランティア活動に精を出すようになったりするとか。③現実検討能力がつく。例えば空想や夢・願望の世界から脱却する。大願成就のために計画にしたがって着々と努力を積み重ねるとか。「したいと思う」次元と実際に「する」次元とは別物であることがわかる。「なりたい」と「なれる」の識別ができるようになる。

エゴグラムは自我状態の特徴（傾向や片寄り）をグラフにしたものであると述べた。個々人によって、自我状態が異なる。すなわち自我の成熟状態が違うので、五つの心の出し入れに片寄りが出る。Ｐの出しやすい人とか、Ｃの出し入れが不自由であるとかと。

私の場合は、AC（従順な子ども心）の出し入れはスムーズなのだが、FC（天真爛漫・無邪気な心）の出し入れが不自由である。ゆえにこの心を十分に出さないとのれないエクササイズをするときは、私はきわめて不自由になる。心と体が一致しないのである。学校教育現場で多用されるエクササイズの中には、ゲーム感覚のつよいエクササイズが多い。私にとっては、できない（パスしたい）ものがたくさんある。

パスしたいエクササイズを無理やり長時間にわたって参加者に取り組ませると、心の不自由さ＝苦痛のあまり、それが心の傷となって残ってしまうことがある。ゆえにSGEでは、参加者をエクササイズに無理やり参加させないで、パスを認めることもしばしばある。

このようにエゴグラムの背景になっている理論を知っていると、体験した後で自己理解がすすむ。つまり自分の行動のパターン（性格）に気づくことが多くなる。それを契機に自己分析をするとよい。すなわち自分をアセスメントするのである。

SGEのリーダーをめざす人には自己分析を勧めたい。自分の行動の片寄りについて洞察しておくと、参加者を傷つけることがない。片寄りのない人はいないのである。その片寄りに気づいたり洞察したりしている人と、していない人の差は大きい。ヘルピング・プロフェッション（援助専門職、例えば教師、カウンセラーなど）にとって、自己分析は欠かすことはできない。

ＳＧＥのリーダーは五つの心を自由に出し入れできるとよい。例えばリーダーが「簡にして要を得ている」インストラクションをするには、Ｐ（親心）やＡ（大人心）を発揮する。質問に応えるようなときには必要に応じてＮＰ（母心＝相手を思いやる心、慈しむ心）を出す。デモンストレーションする際にはＦＣ（無邪気な子ども心）を発揮する。

介入するときには次のようになる。①ルール違反の場合はＣＰ（父心、父性原理）を発揮して、父性原理（毅然たる態度）で臨むとよい。②参加メンバーをケアするような介入をするときには、Ａ（大人心、現実検討）を発揮しながら、しかもＮＰでケアするのがよい。メンバーとリレーションをとる際も同じである。

またワイン・カウンセリングといって、懇親会を含みながらリーダーが参加者にサジェスチョンしたりアドバイスするセッションでは、リーダーはＦＣを出しながら、一方でＡやＮＰを発揮することになる。

24　二者択一

國分は"Being is choosing."のことばが好きである。「生きるとは行為を選択することである」「人生とは選択の連続である」（國分訳）。

私もこのことばが好きである。私は他者から指図されて動くのが苦手である。自分であれこれ考えて、熟慮して、自分なりによいと判断して、よしこれでいこうと決心する（意志決定する）。だからといって、他者の示唆やアドバイスに対して「聞く耳」を持たないというわけではない。それほど私は頑固一徹というわけではない。言いたいことは、私自身が自分の行為を自分で選択しているということである。自分で選択したからには、その責任は自分で持つということを自覚している。

例えば①「社長か副社長か」。「私は副社長」。その理由は「私が社長という重責をまっとうできたのは、あいつが私の右腕だったというのも一因である、『縁の下の力持ち』というあり方に意味を見出しているから」。②「草原か林か」。「私は草原」。その理由は「草原には開放性があるから」。③「海辺の夏か田舎の秋か」。「私は海辺の夏」。その理由は「海辺の夏は解放感に富んでいるから」。④「時間か金か」。「私は時間」。その理由は「時はお金と同じくらい貴重である。お金は貯金できるが、時間は貯金できないから」。⑤「鈍行か急行か」。「私は鈍行」。その理由は「私は大器晩成という生き方に共鳴しているので」。

実存主義は自分が行為の主体者であることを強調する。すなわち意志決定の主体者はその人本人であるという意味である。主体者とは行為の選択に対して意識性と責任性をつねに持ち続けるという意味のことである。意識性と責任性は自己疎外の予防につながる。

因みに、一貫性のある欲求はやがて価値観に発展する。

25　墓碑銘

人間の特権は「新たに生き直すことができる」というところにある。省察（みずから省みて、その善悪や是非を自問自答すること）だけでは十分ではない。一回かぎりのこの人生をどのように生きるかは、行為の主体者である人間に与えられた特権であろう。実存主義はこの特権を重視する。さらにこの特権を行使するところに人間としての最高の価値を見出している。

ある実存主義者は「人生は時間である」と述べている。すなわちこれは人間が有限の過程を生きる存在であるという意味のことである。人生の持ち時間の決まっている状況にあって、酔生夢死のごときあり方、意識性と責任性のある在り方のどちらを選択するのか。どちらか一方を選択するにしても、選択の基準または理由が必要であろう。酔生夢死の生き方を選択した人に理由は無いかというと、そうでもない。その人なりの理由（価値観）があるはずである。

私が最初に体験したSGEワークショップの墓碑銘で記した文章は、「ナルシシズムの強い男の墓」であった。ごく最近では、「哀に生きた男の墓」とした。

26　臨終体験

國分は指摘する。「死の恐怖に人間誰れしも遭遇する」「このエクササイズはその人のパーソナリティがクローズアップする」と。

私は結婚後一年して母を亡くした。その翌年には父が逝った。結婚して二年間私は自宅と病院と勤務先の三角形を行き来した。母は喘息持ちであり、入退院を繰り返していた。父は糖尿病を患っていた。父が町医者に診てもらったときには、糖尿病であることがわからなかった。当時は知られていなかった。

父母を続けて亡くした私は、三年目に長女をさずかった。長女は食の細い子で、お乳をよく飲んだなと思うと、きまってもどした。しかし病気はほとんどしなかった。それでも医者が年末やお盆で休みとかというときに、熱を出した。

病気になったとき、私はよく添い寝をした。私は仰向けになって、胸の上に抱きながら寝た。寝付いたと思って私の胸からのけると、きまって泣き出した。

次女もそうであった。病気らしい病気はしなかったものの、風邪で熱をだしたときには長女と同じように、胸に抱きかかえて私は寝た。寝付いたと思って私の胸からのけると、長女と同じように泣き出した。

このような時に、この子たちはもしかしたら、このまま死んでしまうのではないかという恐怖に私は毎回のごとくとりつかれた。だから、この子たちを胸にかかえながら、自分の胸が苦しくなっても、のけることはできなかった。

このことは両親を相次いで亡くした哀しみが抑圧されていて、病気の子どもたちの添い寝のときに現れてきた死への恐怖であると、今は自分なりに解釈している。

そのような私であったので、臨終体験というエクササイズを体験したときは、他のメンバーの立ち居振る舞いが白々しく感じた。また自分自身がまもなく逝く人をみとる役割をしたときも感情移入できない自分に対して空々しさを感じた。すなわち私はかなり抵抗していたのである。一方私は他者（周囲）のまなざしを過敏なほどに意識する性格であったので、みとる役割をしていた私はのれていない自分を感じていた。「俺はどうかしている。こんな時でさえも、他者の目を気にしている俺はどうかしている」と。

27　ホットシート

ホットシートはゲシュタルト療法のホットシートという技法をエクササイズ化したものである。これはリレーションが十分に形成されたところで使用されるエクササイズである。ねらいは参加メンバーのナルシシズムを粉砕するところにある。粉砕するとは適度なレベルに引き下げたり、引き上げたりするという意味である。ナルシシズムは自己中心性やうぬぼれ（これの源泉は自己愛）、万能感をセットにした複合感情である。これが高い人をナルシシストという。小此木啓吾の精神分析によれば、ナルシシストの典型は『風と共に去りぬ』のヒロインであるスカーレット・オハラである。

ナルシシズムがきわめて低い場合は、自尊感情が低く、一見愛他的で、自己効力感が低いという不均衡で矛盾を含む行動をする傾向にある。

参加メンバーが小グループになって、相互に「よい点と改善点」を伝え合う。よい点を伝えられたメンバーは自己概念が変容するきっかけになる。変容しないまでも、自己をリフレーミングする契機になる。リフレーミングとは角度を変えたり、アングル（視点）を変えたり、枠組みを変えたりして、多角的にとらえ直すことをいう。たとえば「けち（守銭奴）」は倹約家の最たる人である。神経質の人とはきわめてデリケートな人ということになる。ゲシュタルト療法でいえば、地（興味関心の的になっていない背景の部分）を図に変えたりする効果が期待される。

現在では、このエクササイズは名前と中味が変更されて、よい点のみを伝える（プラスのストロークを送る）ことをねらいとする「別れの花束」となっている。このような改編のもとは村瀬晃（慶応義塾大学教授）のアイディアにある。

28　簡便内観

このエクササイズは「他人様（ひとさま）のお陰」であることを体験するためのものである。他人様（ひとさま）のお陰とは、人と人との間にあって、もちつもたれつの存在であって、他人様に自分が生かされているという意味のことである。

このエクササイズは「してもらったこと」「して返したこと」「迷惑をかけたこと」という三つの観点から、自己理解（自己発見）を深めるというものである。「してもらったこと」と「迷惑をかけたこと」は、感謝の念を引き出すことに集中（結晶）されている。して返したことを披瀝するのは罪障感を持たせないためである。留意点は無理に涙をおさえないで、感情のおもむくままにまかせよと、リーダーが一言そえることである。

私の簡便内観は次のようなものである。父に「してもらったこと」は…

「私は小さい頃夏になると、いつも父に近くの川に『はぜ』（魚）とりに連れていってもらいました。『四つ手』でとったはぜを、帰宅するとすぐに天麩羅にして食べさせてくれました」「父は川『釣り』も好きだったので、はぜ釣りにほんとうに毎週毎週連れていってもらいました」

「ときにはフナ釣りにも連れていってもらいました。『浮き』をじっと見つめるのです。一点集中の注意力をこれでつけてもらったように思います」

「お彼岸とかお盆には、私は自転車の荷台に乗せてもらって、長兄の墓参りに連れていってもらいました」「長兄は親孝行だったらしく、敗戦のとき、栄養失調でかえってきましたけど、それがもとでまもなく亡くなりました。私は三〜六歳ぐらいでした」

「父に墓参りにずっと連れていってもらったお陰で、毎日仏様にお線香をあげる習慣を得ました」

「中学三年生の後半から、受験生の私は、毎週の土曜日の夜に、時代劇を観に連れていってもらいました。市川右太衛門の『旗元退屈男』、嵐寛寿郎の『蔵馬天狗』、片岡智恵蔵の『机龍之助・音無しの構え』、中村錦之助の『笛吹童子』などをたくさん観ました」

29　印象を語る

このエクササイズのねらいは自己開示にある。他者のまなざし（例えばあの人はいったい私をどのように見ているのだろうか、私をいったいどのように感じているのだろうかなど）に対して過敏になりすぎて、行動や心理的自由を失ってしまうことも多い。自分が他者からネガティブに受けとめられていると思い込んでいるときには、私たちはその相手との心理的距離（國分は「心理的距離の一〇段階」を挙げている）はかなり遠くなる。同時に物理的距離も遠くなる。このような時に、私たちはホンネを抑制してしまう。それゆえに、メンバー相互の印象を伝え合った方が、かえって動きやすい。

自分が自分をどのように思っているのか、これを自己像という。これに対して、他者からもらった印象は、人の目に写る自分である。両者の間にギャップがある場合、自己理解（自己発見）のきっかけになる。

エクササイズ「印象を語る」と似たものがある。

・「座席チェンジ」：各自が順番に席を移動して、座りたいところに座る。そして何故そこに座ったかを語る。例「○○さんは兄さんのような感じがして、私は妹になりたかったので」と。

・「自分に似た者（メンバー）を選ぶ」：各自が自分に似た人をグループからひとり指名し、どこが似ているかを語る。例「○○さんはシュアリングのときに、きまって聞き手にまわるところが私に似ていると思いました」と。

・「自分と対照的な人を選ぶ」：自分と正反対のメンバーをひとり指名し、その理由を述べる。例「○○さんの押しの強さは私と正反対です」と。

・「双子探し」：参加メンバーの中で誰と誰とが似ているかを指名し、その理由を述べる。例「○○さんと◇◇は双子のようです。口調や立ち居振る舞い（物腰）がそっくりです」と。

・「対照的な二人を探し出す」：正反対のふたりを指名し、その理由を述べる。例「△△さんと▽▽さんは正反対のように感じます。△△さんは俺についてこい式のリーダーシップをとるような感じがします。一方▽▽さんはボトムアップ式のような感じがします」と。

30 「未完の行為」の完成

これは「したくてできなかったこと」「してほしくてしてもらえなかったこと」（國分）というのは、いつまでも心にひっかかっている。喉に小骨がささっているような感じである。すなわち釈然としない。気持ちがスッキリしない。喉の通りが悪い。

私の両親は私のふたりの娘を見ずに亡くなってしまった。だから私が子どもたちを両親の墓参に連れていっても、いまいち心がこもらない。そんな娘たちを見ていると、寂しくなる。しかし娘たちにしてみれば、写真では見ていても、可愛がってもらったことのない祖父母との心理的距離は遠い。これは人情である。私は娘たちに苦情をいうつもりはない。

私としては、こんなに一人前に育った（立派になった）娘たちに対して、「まぁ、見ないうちに、随分頼もしくなったねぇ。器量のよい娘になったねぇ。やっぱり智治（ちはる）と似ているね」と、両親に言ってほしい。これは私にとっての未完の行為である。

娘たちは母方の祖父母には、目に入れても痛くないほどに可愛がってもらった。人生の節目節目の記念写真には祖父母が写っている。それゆえに娘たちは母方の祖父母の墓参りには「行くもんだ」と思っている。

「未完の行為」の完成には、「堂に入った心理劇」（國分）が必要になる。

31 アドヴェンチャー

これは未完の行為の完成の反対である。「今、したいこと」をする（今までしなかったことを勇気を出してする）。すなわちこれは「いままでの自分には無理だけど、ひとつ勇気を出してやってみようと思う」（國分）ことに挑戦してみるエクササイズである。

構成的グループ・エンカウンターは「行動の実験室である」。國分はこう指摘する。「失敗は他者の攻撃、批判、冷笑、無視を受けるという意味」「失敗とは試行錯誤のこと、試行錯誤なしには人間の成長はない」と。これは國分の人生哲学であるし、ここには國分が影響を受けたアメリカ・プラグマティズムが反映されている。

私がある本の編者をつとめたとき、原稿依頼で非礼をしてしまった。國分は「すぐに謝ってこい」と、苦言を呈してくださった。私は新幹線で行って、その方の勤務先を訪問した。会うことはできなかった。土砂降りの日だった。

これは「未完の行為」の予防になった。

32 ここが好きだ、ここが嫌いだ

私の幼馴染みは高校生の頃、私に対してよくこう言ったものだ。「お前はねぇ。自分の気持ちは率直に言うべきなんだ。他人（ひと）の話を聞いてから、もったいづけたように、言うのはおかしいよ」と。私は「そんなことをお前に言われたくないよ」と、つっけんどに応えた。しかしこの苦言はいまだに忘れないでいる。彼の言ってくれたような私にはなっていないが、最近の私はこれに近づきつつある。

國分はこう述べている。「自分の実感を表明する勇気を得るためである」「リスクをおかす勇気をもって自分を表明した場合、人はどう反応するか」「案ずるより産むがやすしで、ストレートな表現が、相互のリレーション（親密さ）を予想以上に高めることがわかればよい」と。

「そんなことをお前に言われたくないよ」という私の反応は一時的な抵抗であった。痛いところを幼馴染みにつかれたからである。そのことは自分で百も承知であったので、次の再会では私にはわだかまりはなかった。

その彼が私のいいところをこんなふうに言ってくれたことがある。「お前えはね、いつも誠実なところだよ。お前のひたむきなところは俺は好きだよ」と。

33　銅像

國分は言う。「体内からわき出る感じで形（銅像）を定める」と。ここでいう感じとはその瞬間に自分の身体が体験している感情のことである。ゆえに自分でつくった銅像に「開かれた体験」が反映するとよい。

例えばこの瞬間の私がつくる銅像といえば、「草原の一角に座りこんで、遠くを眺望している像」である。また「大空を見上げて、爪先立ちして、両手を思い切り伸ばし、一〇本の手指を広げて伸ばしている像」である。

前者では、遥か彼方の一点をじっと見つめながら、構成的グループ・エンカウンターの行く末・展望に思いをはせる。開放感を味わいながら使命感をも表現したい。後者では、解放感そのものを表現したい。

34　自分は自分が好き、何故ならば

このエクササイズはゲシュタルト療法の「地を図にする」考え方を実現するものである。恥ずかしいとか照れとかをかみしめながら、自画自賛丸出しで、自分の「よさ」を口に出す。声が小さいときには、「もっと大きな声で」とリーダーは介入する。

青年期前期・中期（中学生・高校生）にある人びとは自分を否定的に見がちである。自分のよいところよりも、否定的な部分に意識が向いている。つまり否定的な部分が図になっていて、よいところが地になっているのである。また自己嫌悪感の強い人も同じである。自分の否定的な部分を見つめ、そこから逃げ出すことなく、改善の努力をしつづけている人ほど、よいところを表現することにためらいや戸惑いを覚える。

ためらいや戸惑いの理由は何か。地と図の変換がスムーズに行われないからである。

本来の私たちには、短所や欠点とともに、長所やチャームポイントがある。短所や欠点を改善することと、長所を自認することとは別物なのである。しかし短所・欠点の改善に注意を向け過ぎていると、自分の長所はどうでもよくなってしまう。これはとても残念なことである。

ではどうしてこのような現象が起きてくるのか。親や教師が子どもを評価するときに、到達目標を引き上げてばかりいるからである。到達するまでのその努力を十分にほめることをせずに、ほめる瞬間になると次のレベルを指し示してしまうのである。これでは自己効力感や自信は膨らまない。子どもは「張り合い感」を感じられない。以上のような日常生活の中の評価の仕方を経験している子どもは、「改善」にばかり関心が向く。

35　みじめな体験・成功体験

このエクササイズは劣等感の減少や自己受容をねらっている。「みじめさ」「なさけなさ」は自己卑下につながる。私たちの自己肯定感を引き下げる原因になる。

これらのみじめだった経験やなさけなかった体験は後まで残る。これらを後々までひきずっている人は多い。自分では乗り越えているつもりでも、追体験してしまう。多くの参加メンバーがこう言う。「私にとってこの体験はとてもしんどいものであった。それでも自分では乗り越えたと思っていた。でもこうして話してみると、やっぱり乗り越えられていなかったんだとわかる」と。

このような場面でリーダーの次のような介入が入るとメンバーは安心できる。また自己受容がすすむ。「『やっぱり乗り越えられていなかったんだ』と言う人もいますけど、私たちは誰かに語りながら、語りながら乗り越えていくんですよ」（吉田隆江）と。

「いちばん得意気分になった瞬間の話」「意気揚々としていたときの話」を意図的に語らせることに、どのような意味があるのか。私はこう思う。

①この人生はつまずいたりころんだりするばかりではない。自力で立ち上がったり、他人様の援助で起き上がったりできるのである。どんなときでも人生は八方ふさがりではないという、人生への前向きな態度が育つ。

②「人生が私をやさしく扱ってくれている」というような、外界との和解ができると思う。いつも外界によって打ちのめされて、みじめでなさけない思いばかりを体験

すると、この人生を生きることはその人にとっては艱難辛苦の連続になる。艱難辛苦の人生を生きることにどのような意味を見出せるのか。私たちはみじめでなさけない思いばかりを体験すると、この瞬間を八方ふさがりと思い込んでしまって、立ち直れなくなってしまう。

思いがけないときに外界（他人様）のやさしさにふれると、それが生きる力の源泉になる。「私はこの人生から見捨てられたわけではない」と。

③この人生は捨てたものではないというような、人生への期待が持てる。またこの人生が私に対して「何かを期待している」というような気持ちにもなれる。失敗ばかりしていると、私たちは失敗を予期するし、失敗してあたりまえであると思うようになる。これが学習された無力感である。しかし成功体験を味わうと、自信が出る。自信とは自己信頼感である。言い換えると自己期待感である。自分が自分に期待する。これは「この人生が私に対して何かを期待している」という意味である。私がすることを、この人生のどこかで誰かによって期待されているという思いのことである。

36 胴上げ・ブラインド・ウォーク・後倒を支える

國分はこれらのエクササイズは信頼感の育成のためのものであるという。信頼感とは何か、信頼感はどのようにすれば育つのか。

國分は「胎児のように母にまかせきる」「甘える」ことが信頼感であると答える。母の胎内にいるとき、子は母親のなすがままである。この人生に生まれ出て、乳児が最初に体験することは「泣いてお乳をもらう」ことである。泣いてお乳をもらうとは満足感という快感情のことである。泣くとお腹一杯になるまでお乳をもらえるという体験をしつづけると、両者の間に行動の一貫性（相互作用の一貫性）が生まれ育つ。

親が望んで生んだ子どもと、望んだわけではないが生んだ子どもと、子に対する親の養育態度は異なってくる。すなわち親と乳児の間の行動の一貫性は異なってくる。前者の場合、赤児が泣いたとき、母親は仕事の手を休めて赤児を抱き抱えるであろう。すぐに話しかける。たとえば「〇〇ちゃん、ああ、お腹がすいたのよね。もうおっぱいの時間なんだよね」「さぁ、いっぱい飲んでね。いっぱい飲んで、大きくなるのよ」と。赤児はこのようなことばは理解できない。しかし「ここちよさ」を感じとる。また母親がニコニコしながら伝えてくる「やさしさ」を感じとる。「泣く」ことと「ここちよさ」がこうしてつながって一貫性のある相互反応（行動）として形成される。

胴上げされるメンバーは体中で「支えの手」を感じる。目を閉じていると、なんともいえぬここちよい浮遊感を体験する。自分の体を完全にまかせきることで、このようなここちよい浮遊感を味わう。任せる・甘える・ここちよさが「支えの手」を介して一体化する。このような経験は現実の人生では稀であるが、この感覚は刻印される。このような経験を持つ人は他者に自分をまかせきることができるし、甘えることもできる。そしてここちよさを自分自身に対して期待できる。

これは「案ずるより産むがやすし」の現実場面脱感作法（行動療法）の技法化したものである。

ブラインド・ウォークを体験したある女性がこう言った。「私は今日の今日まで、自分をまかせてみて、このようなここちよさを体験したことはなかった。私は家族の世話ばかりやいてきた。おせっかいとか、うるさいよお母さん、ほっといてよとかと言われながら。もう家族は自分のことは自分でできる年齢なので、息子や娘たちに自分のことはまかせます」。まかせることで、このような気持ちよさや安心感を得られるならば、絶対にまかせます」と。こうして彼女は甘えることを体験した。

以上のような体験をしたあとで、「どうすれば信頼関係が成長するか。最重要なものから順番に五つ挙げよ」（國分）と、討議させる（またはシェアリングさせる）。これは体験と思考を一致させたすすめ方である。

「①猜疑心を持ちながらも、まかせようとつとめる。②大丈夫かなと心配している自分に対して、『そういう心配はするな』"thinking stop!"言う。③案ずるより産むがやすしだから、気兼ねしないでとにかく甘えてしまう。④とにかく支えることに精神を集中する。余計なことは考えない。⑤……」と。

ここまで原典といえる國分『エンカウンター』の中にあるエクササイズについて叙述してきた。本書は誠信書房から出版されている。國分康孝先生は同社からカウンセリング関連の数多くの著作を出版している。同社から出版された『構成的グループ・エンカウンター』（一九九二年）、『続構成的グループ・エンカウンター』（誠信書房、二〇〇〇年）は実践報告集である。構成的エンカウンターが多くの領域で活用されているかがわかる。また非構成的なベーシック・エンカウンター・グループと比較した、構成的グループ・エンカウンターの展望も述べられている。

誠信書房の國分先生の著作の編集を一手に行ってきた編集者は長林伸生氏である。私自身も『構成的グループ・エンカウンターの原理と進め方・リーダーのためのガイド』で支援していただいた。彼は先生のカウンセリングの著述を私以上に読み込んでいる方だと思う。私は同書の中に、「ゲシュタルトの祈り」「パールズを越えて」の詩を挿入したいと思い、その原稿を郵送した。英文の原文について二箇所校正をしていただいた。つまり、彼は語学に堪能な方なのである。数回の面識から受ける印象は朴訥で誠実な方である。私はすぐに好感を持った。一方同書の私の原稿を送付するときには、いつも緊張と気恥ずかしさを感じていた。

引用・参考図書

・吉本伊信『内観の道』（内観研究所、一九七七年）
・國分康孝『カウンセリングの理論』（誠信書房、一九八〇年）
・ジョン・M・デュセイ著・池見酉次郎・新里里春訳『エゴグラム』（創元社、一九八〇年）
・國分康孝『エンカウンター』（誠信書房、一九八一年）

・関　計夫『劣等感の心理』（金子書房、一九八一年）
・D・シュルツ著・上田吉一監訳／中西信男・古市裕一共訳『健康な人格―人間の可能性と七つのモデル』（川島出版、一九八二年）
・國分康孝『精神分析とカウンセリング』（誠信書房、一九八二年）
・関　計夫『コンプレックス』（金子書房、一九八五年）
・齊藤　勇『感情と人間関係の心理』（川島書店、一九八六年）
・ロビン・ノーウッド著／落合恵子訳『愛しすぎる女たち』（読売新聞社、一九八八年）
・F・S・パールズ著／倉戸ヨシヤ監訳・日高正宏・井上文彦・倉戸由紀子訳『ゲシュタルト療法―その理論と実際―』（ナカニシヤ出版、一九九〇年）
・福井康之『感情の心理学』（川島書店、一九九〇年）
・高田利武『他者と比べる自分』（サイエンス社、一九九二年）
・國分康孝『愛育通信』（瀝々社、一九九六年）
・片野智治「構成的グループ・エンカウンター」（野島一彦編集『現代のエスプリ：グループ・アプローチ』NO. 385、至文堂、一九九九年、五一―五九頁、所収）
・工藤　力『しぐさと表情の心理分析』（福村出版、一九九九年）
・エリック・バーン著／深澤道子訳『性と愛の交流分析』（金子書房、一九九九年）
・クリストフ・アンドレ&フランソワ・ルロール著・高野　優訳『自己評価の心理学』

（紀伊国屋書店、二〇〇〇年）
・國分康孝監修／國分康孝ヒューマンネットワーク著『國分カウンセリングに学ぶ、コンセプトと技法：教育現場からの報告』（瀝々社、二〇〇一年）

第三章

望ましいＳＧＥ体験

ここでは望ましいSGE体験について詳述する。①心理的自由と行動の自由、②自己開示、③自己主張、④他者のホンネの受容（他者受容）、⑤自己受容、⑥ありたいように在れ、⑦自己発見。

言い方を換えれば、この集団の中に自分の居場所がなかった、この集団は居る甲斐のない集団だった、ここでの体験から自分は得るものがほとんどなかったというような感想を持って終わったときは、残念ではあるがこのSGE体験は有効でなかったといえる。

1　心理的自由と行動の自由

私たちが対人行動（他者とかかわる行動）をしているとき、しばしば不自由を感じる。たとえば人見知りをする人は初対面のときにすんなり話ができなかったり、うちとけるまでに時間がかかったりする。ここでいう不自由の原因は二つある。第一は、ある特定の感情にとらわれていたり、ある特定の思考にとらわれていたり、ある特定の行動（反応）にとらわれていると、心理的に不自由を感じる。たとえば相手に対して必要以上に遠慮してしまう。自分の考え方や見方に固執している。相手に対して素直になれない。気持ちが萎縮してしまう。自分がかたくなってしまう。

仮にあの人はとても感じがよい人なので、友だちになりたいと思う。でもまだ口をきいたことがない。そこで彼（彼女）に問いかける。たとえば「失礼ですけど、お名前は何といいますか」「どちらからお越しになったのですか」「ところで趣味は何ですか」「どのような絵をお描きになるのですか」と。

ところが初対面のときは遠慮してしまう。こんなことを聞いては悪いのではないか。相手に変な人に思われはしないか。もしかしたら失礼になるのではないかと。このようなことを気にしすぎると、結局何を聞いたらいいか戸惑ってしまう。友だちになりたいと思っていても、話していても不自由感を感じてしまう。

問いかけられて相手が答えたくなければ（または答えられなかったり、答えると支障が起きる場合）、相手の人は答えないであろうと思えば、いろいろと相手を知るための質問ができる。遠慮せず聞き過ぎずである。

人は十人十色である。生きてきた過程や環境はみな違う。生きていくうえで、欲求や価値観はみな違う。つまり固有の内的世界はみな違うのである。頭ではみな違うとわかっていても、私たちは自分の考え方や見方を固執しがちである。このことが私たちを不自由にする。

ではなぜ私たちは自分の考え方や見方を固執したがるのか。①これらが自分の行動の基準（内的準拠枠）になっているからである。②私たちは自分の内的準拠枠にそうように行動すれば、不安や違和感が生じないからである。③考え方や見方は自分の一部なので、それを失うことは自分の拠って立つところを失うからである。

以上から言えることは、私たちは安心や安定や安全を無意識のうちに求めているということである。私たちは歩き慣れた道を歩き、渡り慣れた橋を渡る。

このことから、安心と安定と安全を脅かされない場合は、または脅かされない状況や場面では、自分の考え方や見方へのとらわれから自由になれるということである。では自分が脅かされない状況とはどのようなものか。それは相互に親密な関係にある状況のことである。つまりホンネとホンネの交流できる関係にあるということである。

さて自分が人前に出たときに萎縮しない条件は何か。①お互いに評価的・審判的態度がない。すなわち不思善悪にお互いがとらわれていない。②相互に自己受容している。自己受容とはほどほどに自己肯定感を持っているということである。自己嫌悪感の強い場合は自分を必要以上に否定的に見がちである。私たちはどんな人（年齢や性別、学歴・教養、社会的地位の有無にかかわらず）でも、強みや弱みをもっている。それらをあるがままに認めて、まるごと受けいれているという状態が自己受容である。

高校生や大学生の中には、友だちと話していて、話題がとぎれて会話が中断してしまうと、焦ってしまうという人が多い。彼らは沈黙は敵だという。

会話や対話には沈黙はつきものである。他者の言った内容を心の中で反芻したり思いめぐらしたりして、話を続けるのが普通である。応答には間がある。すなわち沈黙があって自然であり、沈黙があるからこそ、相手の言葉が胸に響いたり、思考が膨らんだり、思考が整理されたり、思考が深まったりするのである。このちょっと長めの間（沈黙）が高校生や大学生には怖いのである。

また私たちは言葉に感情をのせている。他者の感情に対して共感するとき、そこには間があるし、時には沈黙が生じる。また相手が自分の気持ちをうまく表現できていないと、その思いがうまく伝わらない。そこで言葉の下にある意味や感情の明確化が行われる。この作業をするためにも、沈黙が必要になってくる。

以上のような沈黙が話し手と聞き手にとって「敵」になる場合は、両者の関係が表層的であるといえる。ことばを単に続けるとか、つなぐとかという関係であって、「思い」を共有するという関係ではない。

まくしたてるような話し方、話題を矢継ぎ早やに次々と出す、話を勝手に先にすすめてしまう、話を曲げてしまう、話をとってしまうというような話し方はベターではない。自分の胸に響くように話すのがよい。ゆっくりでよい。このように考えると沈黙がある方が自然といえる。

思いや気持ち、いわば「こころ」を共有しようという関係では、お互いが自然な話し方をしているし、楽に話ができる。

また相手に対して振る舞いが不自然になるのは、自己一致していないからである。ホンネを抑圧したり抑制していたりすると、どうしても振る舞い（ジェスチャーや動作）が不自然になってしまう。例えば「ねたみ」を感じながら、一方で「受賞しておめでとう」という。哀しみを抱えながら、それを隠して平然としている。怒りに震えながらもその場を繕わねばならぬというとき。

これらにおいてはすべて行動（反応）が不自由である。ねたみがあるときは、おめでとうということばにとげとげしさが伴う。微笑にも当然「つくり」が生まれる。哀しみがあるとき、ふつうはうちひしがれた表情がそこにある。肩が落ちる。怒りに震えるときは、目尻がつりあがったり、口調が荒くなる。

では心理的自由や行動の自由を得るにはどうするか。たとえば会話をしていて沈黙が起きたとき、その沈黙を話題にすることである。「たくさん話してきたので、話題がなくなってしまったよ」「沈黙は金なりというから、小休止の時間も金なりだよ」と。また沈黙の意味を話題にする。「俺さ、何か気にさわる（悪いこと）ようなことを言ってしまったかな」「俺、今頭の中を整理しているんだよ」「気持ちをおちつけているんだよ」と。

ホンネと行動が不一致の場合はどうするか。そのときは自己分析する。「私はいまねたみを一方で持っている自分である」「私はこの哀しみをこの人に知られたくない自分である」「この人に私の中の怒りを感じとられまいとしている自分である」といったふうにである。ねたみや怒りは人類共通の情動である。これを感じたからといって「自分は人間ができていない」とか「こんな自分は恥ずかしい」と、自分を卑下する必要はない。

これらは誰もが感じる情動であるので、それらを意識化できることの方が大事である。意識化できれば、必要に応じて抑制できる。以上のように自己分析しながら、意識化しながら、対人関係をうまくやれることの方が必要である。

心理的自由や行動の自由を得ることにどのような意味があるか。①ホンネの自分で在ることができる。ほんとうの自分でいられる。自分に対して嘘をつかなくてよい。②自己疎外から脱却できる。これはほんとうの自分をとりもどすという意味のことである。自分が自分の主であるという意味である。③私の人生の主人公は自分であるという感覚・感じ方ができる。

2 自己開示

「私は日本の敗戦の二年前に埼玉県川口市に生まれました。ここは鋳物の町です。かつては『キューポラのある町』という題で映画化されました。私は五人の男ばかりの兄弟の末っ子です。小さい頃は敗戦とともに復員してきた長兄に、よくおんぶしてもらったり抱っこしてもらいました。兄は栄養失調で帰ってきましたので、その後も患っていました。でもよく私の世話をしてくれました。自転車やリヤカーに乗せてもらって、遠くの畑へ連れていってもらいました。父は機械工場を経営していましたので、兄が畑仕事をして、食料難を切り抜けたようです。その兄もまもなく亡くなりました。昭和二四年でした。父母の嘆きは深かったようです。お盆やお彼岸、そして命日になると、父は私を自転車に乗せて、小一時間かかるお寺にお参りに行きました。私にはこれが楽しみでした。墓参が楽しみというのも、何か変な話ですけど。お寺の和尚さんはおだやかで、やさしい顔をしていました。『おお、ちはるちゃんか、よく来たねぇ。えらいねぇ』といいながら、お饅頭をくれました。和尚さんは父母の仲人さんだったので、私の来るのを楽しみにしていたようです。ですから、両親や長兄の墓参のときに、私は和尚さんの丸い墓にお線香をあげることにしています。もうかれこれ三〇余年になりますかね」。

以上は「小さかった頃の思い出」というエクササイズで、私がよく開示する内容である。リーダーをすると、インストラクションのときに、メンバーに対してデモンストレーションする。すなわちこのエクササイズでは、このような自己開示をすればよいというモデルを示す。私がメンバーの模倣の対象になるとともに、このような開示によってメンバーとリーダーの親和感も形成される。

SGEでは、エクササイズを介して自己開示する。自己開示によってお互いのリレーションをつくっていく。

リレーションがつくと、メンバー相互が自然と自分の気持ちを話したくなる。気持ちを開くのでいっそうリレーション（絆）が太くなる。ここは相乗効果がある。

ふだんなら言わないようなことでも話したくなる。ふだんなら言わないようなことを、引き出すのがエクササイズである。それも強制的に開示させるわけではない。

エンカウンターの自己開示というと、これについてネガティブな印象を持っている人も多い。これは無理やり開示させられた、または泥をはかされたという思いが強かったからであろう。

お互いが親密になってきたりすると、自然と家族のことを話したくなるし、相手に対する自分の気持ちを話したくなるものである。エクササイズが触媒の作用をして、これまでの人生で得意気分になったときのことや、みじめだったときの自分を気負うことなく、話してもいいという気持ちになる。このような自己開示は「問わず語り」になる。

他人様の人生のひとこまを聞かせてもらうのであるから、仲間同士真剣に耳を傾ける。自分の語りのときも、ほほ笑みながら、うなずきながら、仲間が聞いてくれる。ここでは自分の心を他者に向けて開くことが歓びになる。そして仲間をいっそう理解できることに歓びを感じるようになる。

私たちが生きているということは、学歴・年齢・性別・社会的地位にかかわりなく、しあわせや得意気分になったり、一方みじめさや恥ずかしさやうしろめたさを感じながら生きていることを意味する。後者の感情はしばしばめったに表明されることはない。つまりふだんは胸の奥の奥のほうに（深層世界に）抑圧されている。あたかも根雪のようにである。これらは溶けるというよりも、新たに積もって、層が厚くなる。

メンバーが自己開示し合うことにどのような意味があるか。①仲間同士の内的世界を共有できる。内的世界を共有するとは、互いの意志・願望や感情（気持ち、フィーリング）、思考（考え方、見方、受けとり方）を分かち合うことである。内的世界を共有し合うので、相互に親密感を持てるようになる。②お互いが確認できる。自他の内的世界が似ていたり、違っていたりすることを、新たに確認できる。「あなたも私と同じような気持ちなんですね。あなたを見ていたら、とてもそんなふうには見えませんでした。でも、今のお話を聞いていて、同じなんだなぁと思うと、私もホッとしました」「同じようでいて、私たちは微妙に違うんですかね。あなたの場合はそんな自分が悲しかった。私はむしろなさけなかった」と。これはユニークネスである。③自分の開示に対して他者が受容・共感しながら傾聴してくれると、うれしいものである。ではなぜうれしくなるのか。日常生活では自分の内面について語る機会が少ないからである。語ったとしても、あたりさわりのない表層的レベルで開示をしている。また自分の話に耳を澄まして聞き入ってもらえるという体験はあるようでない。私の話を複数の人が真剣になって聞いてくれたという実感は、私は他人様から受容・共感されるに足る人間であるという自尊感情を高める。「やっぱり私の話を誰も聞いてはくれなかった」というさびしさやみじめさ、なさけなさ、無力感、後悔とは雲泥の差である。このような体験をすると、もう二度と話すまいと思ってしまう。これが怒りをはらむことになる。

自尊感情や自己肯定感、自己効力感というような感情は他者（外界）とのかかわりの過程で生まれ、いっそう膨らむものである。一方さびしさやみじめさ、なさけなさ、無力感、後悔、恥ずかしさ、怒りというような感情は他者との関わりを避けて、人を自閉・内閉させる。ここでは外界との生産的な交流がなくなってしまう。

○○さんはすぐに相手（彼）の顔色をうかがってしまう。顔色を見ると、ホンネを開示できなくなってしまう。○○さんは今一番ホンネとホンネの交流をしたいと思っている。しかしできません。彼はけっこう○○さんを受け入れてくれています。彼は私の意見に対して「ドキッ」とするようなことを言ってきたりします。なのにホンネで返すことができないでいます。

3　自己主張

相手を気にしていると、異なる気持ち（感情）がわいてきたときには、このような感情を伝えることがなかなかできないものである。その気持ちがネガティブであれば、なおさら言いにくい。

國分はホンネとホンネの交流であるエンカウンターをするには、自己開示と同様に自己主張が大事であると指摘している（『エンカウンター』誠信書房、一九八一年）。ここでいう自己主張とは相手の気持ちや考え方や見方に理解を示しながらも、自分の言いたいことを言うという意味のことである。たとえばエンカウンターの研修会で、リーダーがいろいろなエクササイズを展開する。参加メンバーはエクササイズを介して、徐々に自己開示をし、親密な関係を形成していく。このようなときには、ほとんどの参加者はエンカウンターはおもしろくて楽しいという。

このようなときに、國分久子はきまって参加者に次のような問いかけをする。「みなさん、今回参加している多くの方が、エンカウンターはおもしろくて楽しいといっていますけど、私はみんながみんな、そのように思っているとは考えないのです。まわりがそのように反応しているので、合わせている方もいると思うんですね。私だけみんなと違うことを言うと、変なやつだと思われてしまうのではないかとか、盛り上がっている雰囲気をこわしてしまうのではないかとか、遠慮してホンネをいわない人もいると思うんですよ。みなさん、遠慮しないで。私は面白くなかったとか、たのしくなかったとかと、自己主張してくださっていいんですよ。ホンネを自己主張したりするのが、ほんとうのエンカウンターなのですから。私は面白くなかった、たのしくなかったという方はいませんか」と。

久子先生が問いかけると、勇気を出して挙手する人がいる。久子先生はその人たちにマイクを向けて、面白くなかったとか楽しくなかったとかという自己主張を求める。このようなときの自己主張はほんとうに勇気や気概のかたまりである。その主張を聞いたからといって、彼を非難したり、彼に対して冷ややかなまなざしを向ける参加者はいない。

市民の中で人権意識が高まってきている。とくにセクシャル・ハラスメントや教師のパワー・ハラスメント（権威や権力をかさにきて、教師が児童生徒を脅したり、はずかしめたりすることの意味）に対する人権擁護の意識が高まりつつある。このような場合の自己主張は自分の人権を守るためのアサーションである。

私たちは自己主張すべきときにしなかったという場合、これが未完の行為として残る。また後悔する。自分がみじめになったり情けなくなったりする。そして言うべきときにいわないと、相手からなめられてしまう。すなわち依存の対象にならなくなってしまう。

私たちには何よりも自己主張が必要である。人生の主人公が自分自身であるためには、この自己主張が必要である。自己主張には勇気や気概が必要となる。引っ込み思案とか物事を穏便におさめようとするとか、周りとうまくやっていくために波風を立てないようにしようとかという場合、そこに失愛恐怖はないか。

失愛恐怖とは國分久子がカレン・ホーナイ（ホルネイ）の"basic anxiety"（國分康孝の訳は「根源的不安」、また篠塚忠男訳は「基本的不安」である）を意訳したものである。「根源的不安」とは「親からかまってもらえないことへの不安」のことである。この内的な不安定感を持っている子どもは、人間関係における自分の動きを「安全への要求」に応じて調節しなければならないために、次の挙げるような動きをするようになる。"for"（情愛への激しい要求によって、過度に依存し、すがりつける相手を求め、過度に従順で、屈従的で、ご気嫌取りになる）、"against"（他人を出し抜き、優位を保つために戦わねばならないと思う）、"away"（極端なひきこもり、離反、おおい隠す、秘密主義）。これらの三タイプの動きの調節の源泉は、防衛機制である。ゆえに極度の緊張とエネルギーを消耗するということである。

4　他者のホンネの受容と自己受容

他者のホンネの受容とは相手のありのままを受けいれることとの意味である。相手のよさを心底感じている。もちろんここでは、相手に対する好意の念を持っていることが前提になる。相手の言動を善悪判断する気になれない。

このようなことはなかなかできることではない。しかしSGE体験を重ねるにつれて、相互の間がこのような関係に変化していく。

相手と自分を比べてしまい自己嫌悪感を感じるときもある。相手をうらやましいと思うときもある。相手に比べ自分にはいいところは無いと自分を卑下してしまうこともしばしばある。しかしSGE体験を重ねるにつれて、このような自己嫌悪感が消えて、相手をうらやむ気持ちも薄らぎ、自己卑下にとらわれることも少なくなっていく。

ホンネとホンネの交流は善悪判断（価値判断）を超克する。審判や評価を超克する。そこにあるものは母の胎内に在ったときのような無条件の甘え（自己をゆだねることの意味）なのか。無条件の甘えとは無条件の信頼（自己を無にして、他者にゆだねることの意味）なのか。

ここには人間の中にある仏性（親鸞の「他力本願」の意味）を見出すことができる。

自己受容ができなかったり、他者を受容できなかったりする人が、自分を受けいれたり他人を受けいれられるようになるにはどうしたらよいか。私は次の方法を勧めたい。

①SGEワークショップに参加して、ホンネとホンネの交流の体験をしてみることである。ホンネとは体で感じているもののことである。例えば、シブリング・ライバルリという傾向が私たちの中にはある。これはきょうだいが親の愛を得たいと互いに争ったり、教師の愛を得たいと教え子同士が互いに争ったりするという意味である。このような気持ちがあると、私たちの相手に対する言動は素直になれない。うらやましいとか、ねたみ、そねみを感じるものである。このようなネガティブな感情は人前で口にすることがはばかられる。しかしふれあいがすすんで、何かの拍子に口をついて出たとしても、それらは許容される。嫉妬心を持ったり、他人をねたんだりすることは世間一般では良くないものとして批判を受ける。本人自身もそのような自分を許容できない。しかしSGEワークショップでは、「○○さん、あなたはそういう自分がイヤだし、許せないと言っていますけど、実は私だってそういう経験をしたことが何度もあります。あなたのそういう正直さがうれしいです」とか、「○○さん、あなたってほんとうに誠実な方ですね」とかという仲間のフィードバックを得られる（こ

の種の反応は損得利害のある世間一般ではなかなか得られない)。○○さんにしてみれば、思いもしなかった好意的な受けとめ方を体験したことになる。身につけていた鎧という防衛を脱いで、ホンネを口にしたとき、そのホンネが他者に伝わって、他者のホンネが返ってくる。○○さんの自己嫌悪感はこのような体験をきっかけに変化していく。

②できるだけ多くの価値観にふれてみることである。これは本で知識として得るよりも、耳学問の方がよい。さらにいえば、いろいろな職業についている人たちと交わって耳学問する方がよい。すなわち多様な価値観にふれることで、自己や他者に対する見方や受けとめ方に幅が出てくる。

例えば、私は講演会などで言葉につまってしまって(どもってしまって)、次の言葉を発するまでに間ができる。ニヤっと不快な笑みをする人もいれば、この間は「独特な間」であると褒めてくれる人もいる。これらの反応の違いは価値観の違いから生じてくると考えられる。どもってしまうことは恥ずかしいことであるという考え方の聴衆は「さげすみ(引き下げの心理)」をあらわにする反応となる。

③介護や介助のボランティア活動に参加してみる。誠心誠意こころをこめて介護や介助をして、相手から「ありがとう。ほんとうにあなたによくしてもらって、ありが

とうございました」と、感謝の気持ちを告げられると、うれしくなってしあわせな気持ちになる。そして「こんな自分でも他人様の役に立つんだ」と実感できる。

ある人がずっと不登校を続けていた。その後学校に復帰した。あるとき不登校の子どもたちのところへ「おにいさん・おねぇさんと遊ぼう」というボランティアに行った。前日は不登校の子どもたちとうまく話せるかどうか心配で気をもんでいたという。実際には子どもたちとうまく交流できた。子どもたちから「私たちと一日遊んでくれて、ありがとう」という感謝を伝えられて、彼はうれしくなった。このボランティアを続けようと決めた。彼の中にあった自分の不登校に対する見方や受けとり方（認知）が変わった。

5　ありたいようにあれ

私たちは人の期待に応えようとして行動することもある。人に良く思われたいという気持ちから自分を曲げてしまうこともある。他者のまなざしに縛られる。他者に惑わされる。

國分はこう言う。「ありたいようにあれ」と。その意味するところは、人に左右されることなく自分のことは自分で決める（自分が自分の在り方を選択する）とか、人を傷つけない範囲で、自分の固有性（ユニークネス）を打ち出せとかということである。國分はSGEワークショップのときに、好んで次の言葉を板書する。"Being is choosing.""Courage to be."と。

私（筆者）の授業を受講していた学生が寄せてくれた感想文の中に、次のようなものがあった。

・「時々、孤独を感じることがあります。そのとき、すごくさみしくなるし、友だちがいてくれることの大切さを感じられました」と。
・「私はひとりでいるほうが好きなんです。やっぱりどこかで孤独なんでしょうか。人間てめんどくさいです」。
・「最近、充実感が得られないのはやはり心のどこかでさびしいという気持ちがあるからなのだろうと、ふと考えてみた」。
・「授業のない空き時間のとき、私だけひとりになるときがある。さみしく感じることはない。たぶん、ほんとうにひとり（孤立している）ではないからだと思う。たまたまそのときはひとりでも、時間がくれば、時間があえば、いっしょにおしゃべりしたり、授業を受けたりする友だちがいます。やっぱり誰かとつながっていると思うと、さみしくはなくて、かえってこのひとりの時間を満喫できる」。

・「『孤立は人の精気を奪う』（國分）ということばを聞いて、ふと昔のことが浮かんできました。小・中学・高校のクラスで毎時間ひとりぼっちだった人の顔をそれぞれ思い出しました。みんな気づいているのに、誰も声をかけようとしない。私もその中のひとりでした。孤立していることは怖いということをみんなわかっているのに、何で声がかけられなかったんだろうと思いました」。

・「私は『甘える』ということが下手だと思う。とくに先生に対しては。常に先生の顔色をうかがっていたと思う。そんな私は先生の前で、『よい子』を演じていたのかな」。

・「前につきあっていた人に、私はいつも怒られて、自信がなくなったことがあった。彼の言っていることが正しくて、いまでも彼をすごい人だと思います。話すたびに恐怖心が出てきます」。

・「失敗して恐怖心が生まれてしまったら、どう克服すればいいのだろうか」。

・「私は沈黙がきらいです。沈黙ができるとあせってしまう。沈黙克服法があればよいと思う」。

これらの感想の中にある共通点は、心理的自由を失ったり、行動の不自由を日常的に感じているということである。

では在りたいように在るためにはどうするか。私はこのようなことを勧めたい。

①自分はどうしたいのか、自分の願望や欲求に対する意識性を高める。他人様を傷つけないかぎりにおいて、また自分の責任の負える範囲でしたいようにするためには、常日頃からこのような意識性を持つことである。

例えば仕事が忙しくて目先のことにかまけていると、「しなくちゃ」という意識性に突き動かされる。言い方を換えると、現実原則が行動や選択の基準になっている。これだけでは十分ではない。自分はどうしたいのかという「快楽原則」も行動や選択の基準になる。國分は言う。「現実原則に従いつつ、快楽原則を満たせ」と。両者がバランスよく基準になっていると、しなくちゃならないこともできるし、したいこともできるということへつながっていく。

②自分のホンネに気づく。自分はどうしたいのかについて意識性を持っていると、なかなか自分のホンネに気づくのも早い。一方先入観や固定観念にとらわれていると、なかなか自分のホンネに気づけないことがある。例えば「人前では泣くべきではない」「人前で弱音をはくことははしたないことである」「男は人前で喜怒哀楽の情を言うべき

ではない。黙して語らずである」というようなビリーフ（先入観や固定観念）にとらわれていると、自分のホンネが見えてこない。なぜか。これらのビリーフはインプリンティング（刻印づけ）といって、刷り込まれてきているのである。ゆえに、泣きたいとかさみしいとかという欲求や情動が抑圧されてしまう。

③ハウツーを持つ。動き方や身の処し方がわからないと、私たちは動きたくても動けない。そこでソーシャル・スキルを身につけていると、動きやすくなる。例えば、お前のためならひと肌ぬいでやろうという気にさせる依頼の仕方、相手の気持ちを不快にさせずに断るスキル、沈黙の処理の仕方、自己主張の仕方、対決（コンフロンテーション）の仕方などである。

6　自己発見

自己発見とは自分自身についての発見のことである。これは「自己盲点に気づく」という意味である。自己盲点とはまわりは気づいているけれども、本人は気づいていないという盲点である。例えば私はあるとき國分康孝・久子両先生と共に、「ＳＧＥ進路指導ワークショップ」でオープニングのリレーション形成のエクササイズを展開した。セッションの終わったところで、両先生からスーパービジョンをしてもらった。「よお、片野、良かったねぇ。上々だよ。言い方が簡潔で、無駄口がなかったしさぁ」「片野さんね、あなた、気づいているかな。『いいですか』という言葉をよく使っているわね。やっぱり先生だからかな」と。

SGEは「感情を伴った気づき"awareness"」を強調する。これはゲシュタルト療法の影響である。國分はこれを「胸にぐっとくる気づき」「『目から鱗が落ちる』ような気づき」のことであるとよくいう。これらの意味するところは感情を伴っているということである。精神分析の気づきは「洞察」といって、知的な気づきのことである。

私は身体言語（例えば身振り手振りや動作をつかって表現すること）をともなうエクササイズは苦手である。まわりは楽しんで取り組んでいるのに、どうも私は立ち居振る舞いがぎくしゃくしてしまう。これはどうしてだろうと疑問に思った。カウンセリング理論の知見にもとづいてあれこれ考えてみると、どうも原因は「ナーシシズム」にあるらしいと見当がつきだした。

ナーシシズムとはコンプレックスの一種で、自己愛と万能感（うぬぼれ）と自己中心性（世の中は自分のためのものと思っている）の合体した心理的傾向のことである。これがきわめて強くなると、ナルシスト（自己愛的人格）になる。

私はナーシシズムが強く、まわりから「格好良く見られたい」とつよく思い、自意識過剰という傾向がある、ということに気づきだした。「良薬口に苦し」で、以来苦い薬をせんじて飲むような日々が続いた。

私は「真の男は『男は黙して語らず』である」というビリーフ（見方や考え方）を持っていた。これがイラショナル・ビリーフ（先入観）であることはいわずもがなである。

このように自分の行動のパターンに気づく、行動パターンの意味に気づくような発見が、SGE体験をきっかけにして得られるとよい。

國分エンカウンターのワークショップでは、両先生のショート・レクチャーが入る。中味はカウンセリング理論に関するものである。誰にでもわかるような平易なことばで教えてくださる。しかも例を多く挙げてくださるので、理解しやすい。「面白くて、ためになって、かつ学問的背景がある」という三拍子そろったショート・レクチャーである。

構成的グループ・エンカウンター（体験コース）には自己発見（自己理解、自己分析）を促すような働きがある。つまり教育分析的機能のことである。援助専門職に就いている人には、この教育分析を勧めたい。

教育分析とは行動のパターン、その意味、その原因について洞察をすることをいう（これを性格分析という）。かつては精神分析家になるために、すでに一人前になっている分析家の手をかりて、自分自身のパーソナリティーの片寄り（傾向、特徴）について洞察をしておくことを教育分析を受けると言った。今はパーソナル・カウンセリングを受けるという。今日ではこのような機会がなかなか得られないので、構成的グループ・エンカウンターを体験しておくとよい。

なぜ援助専門職（例えばカウンセラー、セラピスト、教師など）にある人が教育分析を受けておくとよいのか。自分の行動の片寄り（癖）に気づいていると、相手（例えばクライエント、患者、児童生徒など）に「心の傷」（心的外傷）を負わせてしまうことを予防できるからである。

例えばある反抗的な生徒と話しているとき、教師の感情が揺さぶられることがある。これを対抗感情転移という。感情が動揺しているとき、教師が不用意な言動をしたために、生徒が心の傷を負うことになる。この場合、教師がこの感情的動揺を対抗感情転移であると意識化できると、不用意な言動に対して抑制がきく。

教育分析に興味のある方は國分康孝・國分久子・片野智治共著『構成的グループ・エンカウンターと教育分析（仮題）』（誠信書房、近刊）を参考にされたい。

7　ゲシュタルトの祈り：個の自覚

次の二つの詩（資料1）の中の「ゲシュタルトの祈り」はフリッツ・パールズが作詩したものである。彼はゲシュタルト療法の開祖である。ゲシュタルト療法は構成的グループ・エンカウンターを支えるカウンセリング理論のひとつである。もう一方の詩はウォルター・タブスという精神科医の書いた詩である。いずれも訳者は國分久子である。

私はいくつかの大学で学生にこれを読んで聞かせた。目を閉じて楽な姿勢で「耳を澄ましてね」と指示する。読んで聞かせた後で、「感じたこと気づいたこと」を自由記述するように求めた。それらのいくつかをここに紹介する。

・「一番最後の一文がとてもこころに残った。自分から心を開き歩み寄ることが大切だと感じた。それは私が小さい頃には何も意識せずに出来ていたことであるが、今ではできていない自分であることも、改めて気づかされた」と。

最後の一文はこうである。「受身的に事の流れに身をまかせるからではなく、意図的に求めるから、心のふれあいができるのである」。

・「『個の自覚』を強調した方の詩を聞いていると、何だか心がすーっと楽になっていくのを感じました。それを言ってほしかった！という感じ」と。

・「この詩を聞いていたら、涙が自然と出てきてしまいました。最近ぽっかりと空いてしまったままの私のこころを、少しうめてくれました。ありがとうございました」と。

・「なるほど!! と感じました。『私はあなたの期待にそうためにこの世に生きているのではない』という言葉に納得しました。これは人生について語っているような感じがしました」と。

・「出会うことは偶然であるが、その人と出会ってこころのふれあいが生まれるのは、『意図的に求めるからである』という内容に、まったくその通りだなぁと感じた」と。

・「自分の思うままに他人を気づかわずに人生を送れたらさぞすばらしいことだと思う。だがすべての人が現実的にはそうできるものではない。また他人と交わらずに過ごす人生はなんと味気無いものだろうとも思う。傷つくことを恐れつつも、他者を求め、自分をさらけだすことで、人として成長できるのだろうか」と。

・「最近、気持ちがひきこもりがちで、人とかかわることを遠ざけようとしていました。誰かとこころがふれあえる瞬間はほんとうに好きだし、心の奥では求めているはずなのだけれど。この詩を聞いて『意図的にこころのふれあいを求める』ことを忘れていたことに気づかされました」と。
・「どちらも胸にジーンとくるいい詩でした。人とのかかわりを好んでしない私にとって、考えさせられるものになりました」と。
・「私は、以前まわりの目を気にしていたのですが、これではいけないと思い、この詩のように『私は私、他人は他人』と考えるようにしています。この詩が胸にしみわたります」と。
・「受け身ではいけない、自分が動かなければ、何もはじまらないと思った。もう一度前へ進む気力が出てきました」と。

私（筆者）は「ゲシュタルトの祈り」の詩をとりあげて、「個の自覚をしながら、それに満足して生きていく人間像についてイメージして、その人間像についてできるだけ具体的に記述してください」と教示し、自由記述を求めた。そのいくつかをここで紹介したい。

・自信家、努力家、芯の強い人、前向きな人、強がりではない強さを持っている
・日々楽しく生きている、明るい、悩まない、立ち直りが早い
・世間の一般論や常識を始めから見直し、自分の中で新たに作り直した基準で行動している
・自分の思ったままに行動し、このようにすればよかったと後々後悔しない人
・境界線を引いている感じ、今を楽しんでいる、きりっとしている、自分の意見を大事にする、自分の感性を信じている、まわりに振り回されることがない、明確で強い自我の持ち主、周囲に人がいようがいまいが関係がない、他に気を取られない
・人の目を気にせず堂々としている
・他人を頼らず自分ひとりで我が道をゆく、人との調和を気にしない
・自分自身が納得できたらそれでよい
・人前で萎縮しない、たくましい、自立感がある、自己主張ができる
・来る者は拒まず、去る者は追わず。他者にそれ以上のものを求めない
・自分のやりたいことをする、それが幸せにつながる。自分の幸せは他人に与えられるものではない

・自分の幸せと他人の幸せを比較して生きるものではないと自覚している
・自分に不足しているものを他人が持っていても、それはそれ。自分にしか所有できないものを好いて、それに満足している
・人と比較されるのを嫌がる
・自分で考案したことを自力で取り組み、その達成感を味わう
・マイペースで日常を過ごす、自由気ままで誰にも干渉されたくない、他人のことも我関せずか
・さっぱりとした性格で自分自身が好き
・独自の世界観を持っている
・他人をうらやましがらない、ねたまない、他人に媚びない
・自他の存在を切り離して熟考している
・他人のよいところは吸収はするが流されはしない
・ひとりでも心の整理を始めることのできそう
・自分の心の奥深い部分と向き合う勇気を持ち、その独自の「個」を認めている
・まわりからどう見られても自分のしたいことを思い切り実践して生きる人
・自給自足の人

・現実を受けとめる強さと孤独を持つ人
・仕事も人生もバリバリこなせる、人生の楽しみ方を知っている
・自分の長所も短所もわかっている
・かぎりなく自分らしく、かぎりなく自由にいきる
・夢に向かって一直線に進む、目前のことを着実に行える、どんな困難も自分自身でクリアしようとする
・けっして自分勝手というわけではなく、しっかりと物事を行える
・自分と他者はまったく違うので、すべてをわかりあえることはないと考える
・あるがままの自分がまるごと他人に受けいれられなくとも、それはそれで仕方がないと自覚している
・自分の気持ちを素直にことばにでき、自分の世界を持っている

・協調性がない
・自分というものに向きあいすぎて視野が狭くなっている
・自信過剰になりがちで、孤立してしまいそう
・人とのふれあいが無くてさびしい

8　パールズを越えて：ふれあい

ウォルター・タブスはフリッツの詩を読み、彼は「パールズを越えて」という詩を作詩した。私はこれを学生に読み聞かせた。その後で、私は学生にこう教示した。「他者とのふれあいを求め、それに満足して生きていく人間像についてイメージして、その人間像についてできるだけ具体的に記述してください」と。

・枠にとらわれている、決めつけ過ぎ
・他人に気をつかう、争い事は嫌う、腰が低い、思いやりがある
・友だちと仲良く話したり行動したりすること自体がよろこび
・いつも明るい、まわりのことを考慮して行動する。自分が誰かに必要とされていることを実感できるといっそうハッスルしてしまう
・自分と他者が出会いふれあうことによって、自分が悩んでいる問題でも他人もきっとわかってくれるものと信じている

・相互に補完的な関係をつくる人
・他人の意見をよく聞く、人をよくほめる
・自分を他者に対して開くことをする
・みんなといるとほんとうの自分を出せる人
・みんなといると心底楽しいと思える
・他者がいなければ自分というものは存在しないと考える
・他者から頼られていると実感しながら人の相談事を聞く。このようなときに自分の存在価値を意識し、真剣に相談事にのる
・他人を必要とし自分自身も必要と考えている
・自分の存在価値を認めながらも、自分にとっての他者の価値を訴えている
・とても積極的
・他者に受けとめてもらえる自分の存在価値について意識している
・他者に確認してもらえてはじめて安心できる
・お互い良きライバルと刺激し合い、高いレベルで頑張れる
・持ちつ持たれつという関係をとても大切に考える
・母親みたい、観音像みたい、やさしさと笑顔のあふれる表情

・自分の弱さを自覚している
・ヒューマンネットワークができる

資料1

"Gestalt Prayer" F.Perls　（個の強調）

I do my thing. You do your thing.
I am not in this world to live up to your expectations.
And you are not in this world to live up to mine.
You are you and I am I,
If by chance we find each other, it's beautiful.
If not, it can't be helped.

私は私のことをする。あなたはあなたのことをする
私はあなたの期待にそうために、この世に生きているのではない
あなたも私の期待にそうために、この世に生きているのではない。
あなたはあなた、私は私である。
もし、たまたま私達が出会うことがあれば、それはすばらしい。

もし、出会うことがなくても、それはいたし方のないことである。

"Beyond Perls" W.Tubbs　（個人主義への批判、世界内存在の強調）

If I just do my thing and you do yours,
We stand in danger of losing each other and ourselves.
I am not in this world to live up to your expectations;
But I am in this world to confirm you
As a unique human being,
And to be confirm by you.
We are fully ourselves only in relation to each other,
The I detached from a Thou
Disintegrates.
I do not find you by chance;
I find you by an active life
Of reaching out,
Rather than passively letting things happen to me,
I can intentionally make them happen.

I must begin with myself, true;
But I must not end with myself;
The truth begins with two. (Tubbs,1972)

もし、私が私のことをして、あなたがあなたのことをするだけなら、
　お互いの絆も自分自身も失うこと明白である。
私がこの世に存在するのは、あなたの期待にそうためではない。
しかし、私がこの世に存在するのは
　あなたがかけがえのない存在であることを確認するためである。
そして、私もかけがえのない存在として
　あなたに確認してもらうためである。
お互いにふれあいがある時のみ、われわれは完全に自分自身になれる。
　私があなたとの絆を失えば、自己喪失も同然である。
私があなたと心がふれあうのは偶然ではない。
　積極的に求めるから、あなたとの心のふれあいが生まれるのである。
受身的に事の流れに身をまかせるからではなく、
　意図的に求めるから、心のふれあいができるのである。

（國分久子訳）

参考図書

・カレン・ホルネイ著・霜田静志・國分康孝訳『自己分析』（誠信書房、一九六一年）
・松浪信三郎『実存主義』（岩波新書、一九六二年）
・マックス・ピカート著・佐野利勝訳『沈黙の世界』（みすず書房、一九六四年）
・安田一郎・我妻　洋・佐々木　譲訳『女性の心理：ホーナイ全集第一巻』（誠信書房、一九八二年）
・小林　司『出会いについて』（NHKブックス、一九八三年）
・中西信男『ナルシズム』（講談社現代新書、一九八七年）
・ロビン・ノーウッド著・落合恵子訳『愛しすぎる女たち』（読売新聞社、一九八八年）
・小林　司『生きがいとは何か』（NHKブックス、一九八九年）
・エーリッヒ・フロム著・鈴木　晶訳『愛するということ』（紀伊國屋書店、一九九一年）
・L・A・ペプロー・D・パールマン編・加藤義明監訳『孤独感の心理学』（誠信書房、一九九一年）
・V・E・フランクル著・山田邦男・松田美佳訳『それでも人生にイエスと言う』（春秋社、一九九三年）
・谷沢永一『人間通』（新潮選書、一九九五年）
・ヨースタイン・ゴンデル著・須田　朗監修・池田香代子訳『ソフィーの世界』（NHK出

版、一九九五年）
・小此木啓吾『あなたの身近かな困った人たちの精神分析』（大和書房、一九九五年）
・大原健士郎『とらわれる生き方、あるがままの生き方』（講談社、一九九六年）
・V・E・フランクル著・山田邦男・松田美佳訳『宿命を超えて、自己を超えて』（春秋社、一九九七年）
・フランチェスコ・アルベローニ著・大久保昭男訳『他人をほめる人、けなす人』（草思社、一九九七年）
・榎本　譲・丹治竜郎訳『神経症と人間の成長』（誠信書房、一九九八年）
・V・E・フランクル著・山田邦男訳『フランクル回想録』（春秋社、一九九八年）
・ひろさちや『こだわりを捨てる・・般若心経』（中央公論新社、一九九九年）
・細井啓子『ナルシシズム』（サイエンス社、二〇〇〇年）
・数土直紀『理解できない他者と理解されない自己』（勁草書房、二〇〇一年）
・池田晶子編著『二〇〇一年哲学の旅』（新潮社、二〇〇一年）

第四章
教師が学校で生かすために

ここでは①児童生徒（学生）と教師とのリレーションに関する國分の考え方、②教師が学校でSGEを生かすために役立つエクササイズ、③SGEエクササイズ開発、④プログラム、⑤ほんとうの自分から遠くなるときについて言及する。

「教師が学校で生かすために」という表現は、『エンカウンターとは何か』（國分康孝・國分久子・片野智治・岡田　弘、加勇田修士、吉田隆江、二〇〇〇年、図書文化）の副題になっている。本書は教師が國分エンカウンターを生かすうえのエッセンスを網羅している。そこで私はこの第四章を姉妹篇にしたいのである。

1　教育におけるリレーション

國分は一九七〇年当時教育における人間関係（リレーション）について、次のように考えていた（一〇五～一四二頁）。

「自ら問題を発見し、これの解明に取り組んでいける人間とは、自分に頼ることのできる人間でなければならないであろう。……自分への信頼感はどうして養われるのか」と。

三〇余年経った今、私はこれを次のように翻訳している。文部科学省の提唱する「生きる力」の源泉は自分への信頼感である。生きる力を持つ子どもとは自分への信頼感を持てる子どものことである。國分は「人が自分に与えた評価を自分の中にとり入れて」自分への信頼感を持つようになると指摘している。「自分が自分をどう評価するかは、幼少期からどういう人間関係の中に育ったかが影響する」と。そこで私は強調したい。子どもが自分に対してポジティブな自己評価をできる人間関係とは、ふれあいと自己発見のできる人間関係であると。

國分はこういう。「自ら考え創造する態度の育成は、文化において権威的存在である（父とか教師）とのリレーションによって実現できる」と。

これを私のことばで翻訳すると、次のようになる。学校教育において生きる力を子どもの中に育てるには、教師とのリレーションによって実現できる。少々風変わりな言動を許容したり受容・共感したりできるのは、創造的な子どもと教師とのリレーションが基盤にあるからである。

創造的であるとは何か。これは拡散的思考と集中的思考を必要に応じて自由に使うことができるという意味のことである。前者は自由連想やブレーン・ストーミングのように、思考が広がっていく（拡散していく）ような、自由な発想が特徴である。後者は思考が収斂する（絞り込む）のが特徴である。また創造的思考には「孵化」過程がある。これは思いつめて思いつめて曖昧な過程から、突然「ひらめき」が生まれるまでの過程をいう。

國分はこういう。「かけがえのない（固有な存在としての）自分の発見は、人とのリレーションにおいて孤独を感じたときにわき出てくるものである」と。

私たちがあるがままのほんとうの自分でいられる関係とは、人とのリレーションがある関係のことである。あるがままのほんとうの自分の体験が開かれるとき、私たちは自分が人とは違う「独りの存在」であることを実感できる。ふれあいと孤独は表裏一体である。コインの裏表である。換言すれば、ふれあいと孤独は相補的・補完的関係にある。

國分はこういう。核家族化と少子化と自由化が進行する現代社会は、ますます「自由にともなう孤独感は増大する」と。言い換えれば、交流分析の「時間の構造化」でいう「ひきこもり」である。この孤独感に対する耐性をつけたり、孤立感を癒すのは人とのリレーションである。

國分はこういう。「教育には人間に対する態度の変容をねらいとするところがある。民主的思想が生活感情になったり、生活態度になったりするには、そのような実際の人間関係体験が必要である」と。それは何か。リレーションのある人間関係体験である。例えば子どもを虐待する親は、かって自分が子どものときに虐待を受けているという。すなわち世代間伝承である。またいじめっ子の多くは過去においていじめられた経験を持つ。

以上のことから、子どもは教師や親、級友のような重要な他者から、自分がかけがえのない存在として扱われること（処遇される、遇される）によって、民主的な人間関係とはどのようなものかを体験的に学習するのである。別の例でいえば、盲導犬は訓練する以前にどのような育てられ方をしてきたのかが重要であると言われる。

國分はこういう。「知識や技能の伝達学習の場合でも、リレーションは必要条件である」と。伝達学習の教授法のひとつにデモンストレーションがある。教師が児童生徒の前で「してみせる」のである。「百聞は一見にしかず」である。してみせて、「いってきかせて」「させてみて」「ほめる」のである。いってきかせるのは、インストラクションのことである。させるというのは、エクササイズへ取り組ませることである。

ほめるというのはよかった点や改善点をフィードバックするという意味である。このようなプロセスが効果的であるためには、児童生徒と教師との間にリレーションが必要である。例えば自動車教習の過程で、指導者と教習生との間にリレーションがあった方がよいのは言うまでもない。犬猫に芸を教えるときも同じである。

國分はこういう。「教育における人間関係を考えるときには、その根底にラジカリズム（ことがらの核心に迫っていくという意味）と、意識性（問題点を発見し、見失わないという意味）とヒューマニズム（一個の人格をもった人間への畏敬の念という意味）が必要である」と。

國分は教育とは「社会化」のことであると考えている。では教師とは何か。私は児童生徒の社会化を援助する専門職であると考えている。人を援助するには、ラジカリズムと意識性とヒューマニズムが必要である。

教育におけるリレーションについて述べてきた。ではリレーションとは何か。國分は次のような条件を挙げている。①相互に好意を感じている。②共感性がある。③相互に防衛がない。④自己決定を尊重しあう。

本節のまとめとして、私はこのようなリレーションを育てる教育指導法（または技法）こそ構成的グループ・エンカウンターであるといいたい。

2　学校でSGEを生かすためのエクササイズ

教師が学校で國分エンカウンターを生かすために、多くのエクササイズが開発されている。ここではそれらについて述べたい。

(1)　人間づくり

学校現場におけるSGEでもっとも早く紹介されたものは、『人間づくり：エクササイズ実践報告』（瀝々社）である。一九八六年のことである。これは監修國分康孝・編著縫部義憲・著者鳥取大学教育学部附属中学校である。まえがきで國分は次のように述べている。

「周知のように今の教育現場では、いじめ・校内暴力・登校拒否・校則違反・女子非行・無気力（アパシー）などが問題点として指摘されている。そしてその原因や対策に関して多種多様な解説がある。定説があるようでない。それを承知のうえで、カウンセリング心理学を専攻する私は、これらの問題の解決には、『教師と生徒』『生徒と生徒』の心のふれあいを回復することだと主張したいのである。……心のふれあいの乏しい人間集団では、安心して自分自身になれない」と。さらに問題行動を減少させたり予防したりするためには、①「つっぱったり、八方美人になったりしてほんとうの自分を抑圧しない」「自分のあるがままの状態を認識し受容する」、②「今ここにいるほんとうの自分をできるかぎり正直に表現する。自己主張・自己開示・自己表現することによって他者とのリレーションは深まるし、自分でも自分のことが見えてくる」ことが必要であると。

瀝々社の岩下直人氏は國分康孝教授・國分久子教授のファンである。瀝々社から國分康孝教授の『教師の自信』（一九八一年）、『教師の表情』（一九八二年）、『教師の教師』（一九八三年）、『カウンセリングを生かした人間関係：教師の自学自習法』（一九八四年）、『教師のカルテ』（一九八五年）が出版されている。そして『人間づくり』（第一集）が出版される。

『人間づくり』では國分エンカウンターは「人間技法」になる。今でいえば「ヒューマン・スキル」である。私たちは生きるために知識（知恵）と技法（方略と技術）を持たねばならない。例をあげれば読み書き算盤や対人関係スキルである。このように考えれば國分エンカウンターはヒューマン・スキルなのである。換言すれば、自己主張・自己開示・自己表現をすることで他者とのリレーション（ふれあい）を形成する。これによって自分でも自分のことが見えてくる（自己発見）。

エクササイズはふれあいと自己発見の誘発剤または触媒である。すなわちエクササイズによって場面を提供したり設定したりして、児童生徒同士のふれあいと自己発見を促進していくのである。國分エンカウンターではふれあいと自己発見は表裏一体をなしている。ふれあうことによって相互にやさしくなれて（受容・共感したりされる）、安心して自分自身になれて、自分でも自分のことが見えてくるのである。

私は瀝々社岩下直人氏をプロだと感じた瞬間があった。『國分カウンセリングに学ぶ、コンセプトと技法』（二〇〇一年）の表紙を撮影するために、國分両先生を囲んだ学習会に彼が参加した。國分先生の表情や教え子たちにレンズをさかんに向けた。その時にフロアーに腹這いになったり寝転んだりしてカメラを向けた。自称私はセミ・プロのカメラマンである。岩下さんのプロ根性をそこに垣間見た。

『人間づくり』（第二集、一九八七年）は山口県大和町立大和中学校が舞台になっている。國分エンカウンターは縫部教授らと共に、人間づくりと「学校づくり」に貢献していたのである。

こうして國分康孝・縫部義憲のコンビネーションで第五集（一九九九年）まで発刊された。

(2) エンカウンターで学級が変わる

東則孝・東佐恵（図書文化社出版部）さんのお二人は國分先生の教え子である。東則孝さんは筑波大学で國分先生の教えを受けている。お二人とも國分エンカウンターの体験者である。

東さんたちは『エンカウンターで学級が変わる』シリーズの生みの親である。彼らは約二〇冊のエンカウンター・シリーズを生み出してきた。生み出したという意味は、これらのエンカウンター・シリーズのデザインをしてきたという意味のことである。

私は彼らがこのような大業をなすことができたのも、國分エンカウンターの神髄を身をもって体験しているからであると思う。彼らには國分両先生の実践や考え方を全国の学校現場に広めたいという夢・願望があるからだと思う。國分エンカウンターが現今の教育現場に必要であるという確信を持っているからだと思う。

國分エンカウンターは本来は「集中的なグループ体験」である。参加メンバーは文化的孤島をつくり、二泊三日または三泊四日の合宿をして、ひたすら自己とのふれあい（対話）と他者とのふれあいをするのである。設定されるエクササイズも後半になると、かなり内面に入り込んだものになる。例えば「墓碑銘」「簡便内観」「紙つぶて」である。また「全体シェアリング」"community group sharing"といって、一時間から一時間半がこれにあてられる。リーダーはこういう。「この会場の入口のところでみなさんは受付をしました。その時からワークショップがはじまりました。開講式があり、國分両先生のレクチャーがありました。そしてペンネーム、自由歩行しながらペンネームの展覧会をしました。それから握手、……」と、これまでをふりかえる。それから「これらの全体を通して『感じたこと気づいたこと』を自由に話してください。発言するときは、まずペンネームを言います。話はコンパクトに、結論から先に言うようにしましょう」というインストラクションで全体シェアリングのセッションが始まる。

学校教育ではこのような集中的なグループ体験はできない。できない理由は次にある。①児童生徒の自我が未熟である。未熟であるとはトレランスが乏しいという意味である。トレランスが乏しいとどうなるか。ちょっとした刺激で感情的な混乱におちいりやすいということである。②自己開示能力が乏しい。③自己主張をするにしても、加減ができない、柔軟で多様な反応ができない。④受容・共感能力が乏しい。⑤内省能力が乏しい。以上を要約すればレディネスが十分でないということである。

また國分エンカウンターのリーダーは、國分康孝・國分久子の主宰する二泊三日の「体験ワークショップ」「リーダー養成ワークショップ」に複数回参加して、両先生のスーパービジョンを受けたり、主要なカウンセリングの諸理論と技法に精通していることや、実存主義やプラグマティズム、論理実証主義のような哲学に親しんだりしていることが条件として求められる。これらの条件を教師に求めることはできない。

そこで、國分康孝・國分久子の主宰する二泊三日の「体験ワークショップ」に参加するとか、カウンセリングの諸理論を学習するとかを一方で呼びかけながら、児童生徒向けのエクササイズを開発してきた。児童生徒向けのエクササイズとはレディネスが十分でない子ども向けのエクササイズという意味のことである。さらにリーダーをする教師の力量を勘案したエクササイズの開発をしてきた。

以上を前提として、國分エンカウンターを学校教育の中に本格的に組み込むための先陣は、図書文化社出版部東則孝・渡辺佐恵さんであった。監修は國分康孝教授である。以下に、主要なものを二人のことばで紹介したい。

①一九九六年
・『エンカウンターで学級が変わる　小学校編Ｐａｒｔ１』
・『エンカウンターで学級が変わる　中学校編Ｐａｒｔ１』
これらは基本エクササイズと、教室で実施する場合の手順や留意点をまとめた入門書である。

②一九九七年
・『エンカウンターで学級が変わる　小学校編Ｐａｒｔ２』
・『エンカウンターで学級が変わる　中学校編Ｐａｒｔ２』
これらは教科や特別活動、道徳教育、環境教育、国際理解教育、いじめや不登校への対応などを領域・分野別に四九種のエクササイズを収録している。

③一九九九年

・『エンカウンターで学級が変わる　小学校編Ｐａｒｔ３』
・『エンカウンターで学級が変わる　中学校編Ｐａｒｔ３』
・『エンカウンターで学級が変わる　高等学校編』
・『ショートエクササイズ集　Ｐａｒｔ１』
・『実践サイコエジュケーション』

小学校編では、集団育成の理論をもとに崩壊しない学級づくりを追究するとともに、エンカウンターがうまくいかない疑問と不安に応えることをめざした。

中学校編では、学年や学校単位でエンカウンターを継続的に活用する学級経営・進路指導・道徳教育・環境教育など七種類の年間計画を提示している。

高等学校編では、ロング・ホームルームで行う「心の居場所」づくりとあり方生き方教育の実際が示された。

ショートエクササイズ集では、短時間で、シンプルに、國分エンカウンターの核心をおさえたエクササイズの数々を紹介している。

サイコエジュケーション（心理教育＝心理学習）とエンカウンターとは「同行二人」（巡礼者は仏様と一緒という意味）の関係である。両者は切り離せない。エンカウンターの原理と技法を心理教育に活用したものがサイコエジュケーションである。

④二〇〇〇年

・『エンカウンターとは何か』
・『エンカウンターこんなときこうする』
・『エンカウンターで総合が変わる　小学校編』
・『エンカウンターで総合が変わる　中学校編』

今エンカウンターはブームだが、エクササイズをすればエンカウンターなのか。そもそもエンカウンターとは何か。このような疑問に応えたものが『エンカウンターとは何か』である。またいつ、どのような学級で、どのエクササイズをどんなふうに行ったら、どのように変わったのか。このような折衷主義に立った実践記録が『エンカウンターこんなときこうする』である。

「みずから学び、みずから考える力」の獲得は、國分エンカウンターのねらいのひとつである。環境や人権、国際理解、郷土学習などのテーマにそった体験的な授業のアイディア集が『エンカウンターで総合が変わる』である。

⑤二〇〇一年

・『エンカウンターで学校を創る』
・『クラスでできる非行予防エクササイズ』
・『エンカウンター　スキルアップ』
・『エンカウンターで進路指導が変わる』
・『ショートエクササイズ集　Ｐａｒｔ２』

國分エンカウンターで学校改革に取り組む実践が増えている。それに呼応したものが『エンカウンターで学校を創る』である。また「こんなことになるなんて」と後悔する子をどうしたら救えるか、またすべての子どもたちに非行への免疫力をつけるにはどうするか。これに応えたものが『クラスでできる非行予防エクササイズ』である。

エンカウンターのリーダーとしてのスキルアップ・マニュアルが『エンカウンタースキルアップ』である。これは『エンカウンターとは何か』の姉妹編である。

「自分に問う力」の育成を中心に、ほんとうに必要で、ほんとうに学ばせたい進路指導をつくり出す。進路を切り開くための基礎力や職業生活に生かす基礎的能力を開発するためのエクササイズが『エンカウンターで進路指導が変わる』に掲載されている。

(3)　「エンカウンターで学級づくり・入門講座」（入門ワークショップ）

「エンカウンターで学級づくり・入門講座」（入門ワークショップ）は二〇〇三年八月で一〇回を迎える。これは國分カウンセリング研究会と財団法人応用教育研究所の共催である。本講座の目的は國分エンカウンターの普及と定着である。主たる対象は教育関係者である。延べ参加者数は約四〇〇〇である。参加者は全国各地からやってくる。私にとっては欠かせない夏の行事（風物詩）のひとつである。

第一回は宮城県仙台市で行われた。現地での実務を担当してくださったのが八巻寛治・藤倉眞一・鈴木睦さんであった。仙台を契機にして愛知県名古屋市で行い、その後東京（日本教育会館＝一橋ホール）で実施してきた。

毎回八分科会で、一分科会三五名～四〇名で、小学校分科会と中学・高校分科会と学校種別にして行ってきた。

この入門講座の実施の意義は次のところにある。日本における構成的グループ・エンカウンターの提唱者國分両先生のレクチャー（約二時間）を受講し、学校でエンカウンターを生かすためのエクササイズを「開発者」らと共に参加者が体験学習（四時間）するところにある。

國分康孝先生は「育てるカウンセリング」（教育カウンセリング）としての構成的グループ・エンカウンターについてよく話される。國分エンカウンターは「育てるカウンセリングの一形態」であり、かつふれあいと自己発見のための教育技法であると。國分久子先生は教育におけるエンカウンターの必要性（ふれあい、自他理解）、SGEの特徴（短時間でもできる、指導法を修得しやすい、心的外傷を予防しやすい）、SGEの技法（インストラクション、エクササイズ、介入、シェアリング）、実施上の留意点（抵抗の処理、無理強いしない、個別ケア）などについて講義する。

この事業をリードしてくださった人は財団法人応用教育研究所の村主典英氏である。現在のNPO日本教育カウンセラー協会事務局長である。

村主さんは國分エンカウンター体験コースを複数回参加し、國分エンカウンターの何たるかを心得ている。彼は東京大学文学部哲学科を卒業していて、フランス実存主義を専攻していた。SGEの思想的支柱である実存主義に造詣が深いとともに、学校教育に関連したあらゆる書籍を読み込んでいる人である。

現在協会事務局次長をしている楠元奈津子さんは村主さんのもとで、この入門講座を支えてくださっている。彼女自身も國分エンカウンターを体験している。さらに國分カウンセリング研究会主催のＳＧＥワークショップの事務局として、毎回参加してくださり、私たちを支えてくださっている。

３　エクササイズ開発

國分エンカウンターのエクササイズはどのように開発するのか。この問いに答えるのが本節である。

國分はエクササイズの開発について、「エクササイズの開発法はリサーチ（研究）と同じである。リサーチと同様に、○○したら△△になるはずだと仮説を立てて、エクササイズを試行し、アンケートで感想を求める、その効果を確認する」というような手順を示している。

國分の教示する仮説の発見法は二通りある。①生活体験に依拠する方法、②カウンセリングの諸理論に依拠する方法のふたつである。

前者の例を挙げる。小学校や中学校の同窓会に参加したときに、私たちは懐かしさを感じながら回想の会話を弾ませる。会話がすすむにつれて親近感がいっそうわいてくる。これはどうしてか。同窓会は「退行（子どもがえり）」の場なのである。一時的に退行するとは、母の懐に抱かれたときのように心身の防衛が解除されて、言いたいことを言えるし、感情交流もすすむということである。そこで次のような仮説を立てることができる。子どもがえり（退行）のエクササイズをする→感情交流がすすむ。このような仮説に立って、私はオープニングのエクササイズとして「小さかった頃の思い出ひとつ」というエクササイズを開発した。

不登校の児童生徒向けに試行したエクササイズがある。「背中に寄りかかる」というエクササイズである。

私は武南高等学校に長い間勤務していた。ホームルーム担任も長かった。体育祭のときに地面に座って応援していると、二三人の生徒が私の側にやってきって、一緒に応援していた。そのうちにある生徒が私の背中に寄りかかってきた。互いに体のぬくもりを感じた。私も相手に寄りかかった。しばらくそうしながら応援をしていた。「甘える」（退行）・スキンシップ（退行）→「背中に寄りかかる」エクササイズ→感情交流がすすむ。

國分の「背中で会話する」というエクササイズがある。仮説はまったく同じである。「背中に寄りかかる」エクササイズは会話するという能動性を持たない。

後者の例を挙げる。交流分析には「ストローク」という概念がある。それは他者へのかかわり方という意味のことである。肯定的なかかわり方はプラスのストロークを出したという。ネガティブなかかわり方はマイナスのストロークを出したという。

交流分析のストロークという概念を技法化したエクササイズが「ディスカウント&ストローク」（吉田隆江）である。

別の例を挙げる。「リフレーミング」というエクササイズがある。リフレーミングとはカウンセリングの技法のひとつで、ある物事や事象を多面的にとらえ直すという技法のことである。例えば「ケチ」は倹約家とも言えるし、守銭奴ともいえる。「お人好し」は世話好き、並外れた寛大さ、現実感覚に乏しい、損得勘定ができないともいえる。リフレーミングという技法をエクササイズにしたものが「リフレーミング」（片野智治）である。

A・エリスの論理療法（REBT）を日本にはじめて紹介したのは國分康孝である。紹介文のテーマは「考え方を変えれば悩みは消える」であった。論理療法のイラショナル・ビリーフ（非論理的な思考）を素材にしながら考案したエクササイズが「考え方を変えれば前に進める」（片野智治）である。

これだけたくさんのエクササイズが出回ってくると、次々と目新しいものが出てくる。中にはこのエクササイズの仮説は何だろうか、このエクササイズはどのような理論にうらうちされているのだろうか、というような疑問を抱くエクササイズがある。國分が開発したエクササイズはカウンセリング心理学や三つの思想を技法化したものである。エクササイズ開発では教育学の発想はほとんど見られない。そこで國分エンカウンターのリーダーを志す人（エクササイズ開発者）に次のような提案をしたい。

①リーダーは國分エンカウンターの原典『エンカウンター』（誠信書房）のエクササイズに習熟せよと。ここでいう習熟とはどのエクササイズにはどのようなカウンセリングの理論が応用されているか、その理論はどのようなものか、その理論のエッセンスを数分間で参加メンバーに説明できるようにするという意味のことである。このような目に見えない学習がリーダーの資質を向上させることになる。リーダーのこの資質はエクササイズのねらいの説明にしばしば見出される。

例えば「聞き合う」というエクササイズのねらいの説明をどのようにするか。「このエクササイズのねらいは、仲良くなりたい、親しくなりたいということで目の前の相棒について知ることです。相棒について知るというときに、私たちが最初にすることは『問いかける（質問する）』ということです。さぁ、質問にあなたの好意の念をのせて試みてください」と。これはわかりやすくて、さりげない言い方である。しかしここでいう質問（問いかけ）に好意の念をのせるとは「無条件の積極的関心」（ロジャーズ）のことである。

例えば「自由歩行」というエクササイズがある。このエクササイズが終わったところで、一言で、ねらいの補強をするとしたらどのようにするだろうか。「みなさんはこの空間を自由に歩きました。言い方を換えると、こっちにいこう、あっちを歩こうと意識して、選択して歩いたということになりますね」と。

4　プログラミング

ひとつひとつのエクササイズの選定と連結・組合わせをする作業のことをプログラミングという。これは國分エンカウンターのリーダーにはきわめて必要な資質である。國分久子はプログラムづくりの枠組みとして「スコープ（範囲）とシークエンス（順序）」を挙げている。「範囲」ではリレーション形成を重視する。なぜか。「われわれは師・霜田静志の示唆によりサティの『愛と憎しみの起源』（黎明書房）を訳出したことがある。…サティはリレーションづくりのハウツーについては提言しなかった。

われわれはエンカウンターにその答えを見出している」と。「実存主義は『我と汝の関係』や『世界内存在』というように他とのリレーション（一体感）を体験することを強調している」と。「そこで構成的グループ・エンカウンターのエクササイズの原点はリレーションづくりにある」と。

國分久子のエクササイズの「順序」に関する原理は以下の通りである。①抵抗の予防、②グループ・サイズ、③親しくない者同士とかある程度気心が知れた者同士とかというような、学級集団を小グループにしたときの小グループごとのリレーションのつき具合に対する配慮、④持ち時間、⑤児童生徒の欲求不満耐性（自我の度合い）の五つの原理がある。

①抵抗の予防について述べる。抵抗とはエクササイズへの取組みに対する回避反応のことである。現時点では三種類が見出されている。「構成への抵抗（超自我抵抗）」「変化への抵抗（自我抵抗）」「取組みへの抵抗（エス抵抗）」の三つである。例示する。構成への抵抗の例は、「ふれあいはエクササイズを使ってつくりだすようなものではなく、もっと自然に生まれてくるものではないか」「もっとひとつひとつのエクササイズをじっくりゆっくりやりたかった」「ふれあいというようなものはほんとうは一

対一のものではないのか」というようなものである。これらはSGEやそのエクササイズに対する受けとめ方、考え方（ビリーフ）が原因で生じてくる抵抗である。変化への抵抗の例としては、「私は親しくつきあっている友だちがいるので、たくさんの人と仲良くなろうなんて思わない」「私は人見知りをする方なので、このようなことはイヤだ」「私は人前にでると自分の気持ちをうまく話せないので、グループで活動したりするのはしたくない」というようなものがある。これらは今のままの自分を肯定し、自己の行動パターンの変容を望まないというところから生じてくる抵抗である。取組みへの抵抗の例は、「何のためにこのようなことを授業でするのかわからない」「ちょっと疲れているので、関係づくりをする気になれない」というものである。これらは心身の疲労から他者に能動的にかかわっていくのが一時的に億劫《おっくう》であるとか、意味のわからないことはしたくないというところから生じてくる抵抗である。

抵抗は自己発見（自己覚知）のきっかけになる要素である。ここでいう抵抗の予防とは、レディネスのない状態で抵抗が生じてくるようなエクササイズを配列するのはよくないという意味のことである。また抵抗はエクササイズへの取組みに対する回避反応として現れてくるので、未熟なリーダーが例えば「あなたはやる気がないのか」「みんなが取り組んでいるのに、どうして君だけがやらないなんておかしい。一生懸命やりなさい」というような一方的で、高圧的で、かつ無理強いをするような言い方で迫ると、児童生徒に対して苦痛を強いることになる。この苦痛が心の傷になる。

教師が学校でSGEを生かすためにはプログラムをつくることである。ではどのようなことを考慮にいれたらよいか。大前提は学校の教育目標を具現化することである。この大前提のもとに、①学校行事のプログラム、②学年行事のプログラム、③当該学年の学級経営上の年間目標と学期ごとの目標、④当該学年の「総合的な学習の時間」（または特別活動）のプログラム、⑤当該学年のキャリア教育（進路指導部、ガイダンス・ルーム）のプログラム、⑥学級担任（ホームルーム担任）の学級経営上の年間目標と学期ごとの目標などをリンクさせる。

六本の柱をリンクさせるのはなぜか。学級王国にしないためである。児童生徒は学校という「有機的」な組織（オーガニゼーション）の中で教育される。学級担任（ホームルーム担任）である自分ひとりが教育しているわけではない。教科担任（例えば国語科など）である自分ひとりが教育しているわけではない。児童生徒の側から発想すると、学級担任の教えてくれる国語はいまいち成績がふるわないけれど、数学の成績はよいという生徒がいる。学級担任とは波長が合わないけれど、数学でB組の○○先生とは相性がよいという生徒もいる。また生徒が一時的に抱えた問題が、学級担任の守備範囲をこえる場合もしばしばある。このようなときに教師は同僚の力を借りる（リファー、委託すること）こともしばしばである。要は学級王国にしないために、六本の柱をリンクさせるのである。

さらに言えば、生活指導部や保健室の年間計画・学期計画や相談室（カウンセリング・ルーム、ガイダンス・ルーム）の計画ともリンクさせるとよい。学級担任はチーム・プレイの視点から、SGEのプログラムづくりを心がけるのがベターである。

目標というのはスローガン（標榜）ではない。これは問題解決の達成目標のことである。すなわち発達課題や教育課題の達成を基盤にして目標設定すると、学級王国の「おとしあな」（陥穽）にはまらなくてすむ。

この作業をするのに有効な例は『実践サイコエジュケーション』（図書文化社、三七－四四頁）、『エンカウンターで総合が変わる　中学校編』（図書文化社、八八－一〇八頁）、『エンカウンターで学校を創る』（図書文化社、二〇〇一年）、『エンカウンターで進路指導が変わる』（図書文化社、三〇－三五、四〇－四五頁）である。

次にプログラムづくりの留意点についてふれる。①リーダーとしての自分の力量や特徴（片寄り、例えば得手不得手など）、②学級担任または教科担任である自分と児童生徒とのリレーションや学級成員間のリレーションの度合いやレディネスの状態、③児童生徒の行動のパターンなどを適確に把握することである。すなわち当該の学級集団の実態を診断（これをアセスメントという）することである。すなわち「人を見て法を説け」という諺があるように、児童生徒と自分のことをよく理解したり分析したりすることである。

これらに役立つツール（道具）は、私がこれまでの実践経験から作成した「授業二人三脚」「私たちのホームルーム」「心の平均台」（日本教育カウンセラー協会・教師のサポートグループ・プロジェクト・代表片野『教師のサポート・グループ』）などである。これらは残念であるが、質問紙の妥当性や信頼性について統計学的処理がされていない。統計学的処理をしてあるツールには数多くある。その中で最新のものは河村茂雄の「Q－U」（図書文化社）である。

「人を見て法を説け」というが、人を見るのに極めて有効な視点がある。これは「エゴグラム」の五つの視点である。またA・エリスが論理療法で示した行動のパターンの七つの視点である。私はこれを「REBTビヘイビアグラフ」（『教師のサポート・グループ』）として示した。「のめりこみｖｓ息抜き」「柄にもないｖｓあるがまま」「歯ぎしりｖｓ冗談・ユーモア」「強迫的ｖｓゆとり・余裕」「見栄坊ｖｓ地丸出し」

「結果主義ｖｓプロセス志向」「取り越し苦労ｖｓ事実・冷静」の七つである。のめりこみとはまわりが見えなくなることであり、視野狭窄が起きて、行動に柔軟性が欠けるという意味である。柄にもないというのは分相応以上のことをすることである。気苦労や気後れをする。一種の防衛である。見栄坊というのは外観をとりつくろう、自分をよく見せようとする、体裁をつくろう、自分を誇示する、うわべを飾るというような行動パターンである。

国語教育の大家大村はま先生は、教師の生徒理解をことさら強調している。つまり参加的観察である。ここでいう参加的観察とは好意・共感を軸にした生徒理解のことである。授業をするにあたって生徒理解は欠かせない。生徒理解の乏しい教師は一人前の教師ではない。

生徒を理解するときに、生徒の何を理解したらよいか。学習成績（学力レベル）なのか。大村先生は否と答える。では何か。子どもの内面の理解こそ大事であると強調する。

そこで私は生徒理解を人間理解という言葉に置き換えて、生徒理解に努めている。人間理解には四側面がある。具体的には(1)内面にふれる、(2)人間関係にふれる、(3)環境にふれる、⑷行動・反応にふれることをいう。

内面にふれるとは、子どもの感情や認知（思考＝考え方、見方、受けとめ方）、意志・願望の三つについて理解することをいう。子どもの内面は固有の内的世界である。内的世界の理解には好意・共感を軸にしたかかわり方が必要である。

人間関係にふれるとは、①「自分をどう見ているか（例えば自己像、自己概念など）」「そういう自分をどう思うのか」②「彼（他者）をどう見ているか」「あなたにとって彼はどのような存在なのか」③「彼はあなたのことをどう見ているか」「彼にあなたはどう見られていると思うか」（例えば彼は私を頼りにしていると思う。頼りにされていると思っている私＝他人の目に写っている自分を推測しているなど）の三つについて理解することをいう。

行動・反応にふれるとは、例えば喜怒哀楽にかかわる行動（"acting out" 殴る、ケル、泣く、笑う）や喜怒哀楽の表情やジェスチャー、しぐさ、動作などの非言語的表現（"acting in" 例えばふてくされる、むくれる、反抗するなど）について理解することをいう。

このような人間理解を可能にするにはどうしたらよいか。出発点は親密な関係をつくることである。

"I would like to get to know you better."

"I feel like I can tell you anything."

"I can be honest only with you."

5　ほんとうの自分から遠くなるとき

児童生徒や学生はどのようなときに、ほんとうの自分から遠くなっていくのだろうか。自分が自分でなくなるときはどのようなときなのか。私はこのようなことに関心を持ち続けている。生徒や学生と折にふれてこのようなことを話題にしてきた。以下にその例を挙げる。そこに私の解釈を付記した。

・「バイトで接客しているとき」

これは「マニュアル行動」をしているときに、自分に対して違和感を感じたのであろう。アルバイト業務をはじめるときに接客行動について指導を受ける。私はお客としてバイト学生の接客行動にふれる。妙な違和感を私自身が感じる。

・「悩んで悩んで、わからなくなっていくとき」
・「どうしようもなく落ち込んでいるとき（逆に、うれしかったり楽しかったりして、ハイテンションのとき）」
・「悲しすぎて、自分の行動と気持ちが違ってしまい、さらに第三者から見たような感覚になったとき（妙に冷めている）」

ジレンマに陥ってしまったとき、誰もがそうであるように、自分が見えなくなってしまう。自分がわからなくなってしまう。わからなくなるとは、自分のホンネがわからなくなってしまうという意味である。例を挙げれば「葛藤」や「アンビバレント」状態がある。前者は、たとえば遊びたいけど、塾に行かねばという気持ちもあるというように、対象が二つ以上になってしまうというものである。後者は、例えば恋人が無理強いをしてきたとき、ノーと言いたい気持ちなのに、一方で相手の気持ちが自分から離れるのを恐れ、受けいれねばという気にもなるというものである。

どうしようもなく落ち込んでいるときとか、悲しすぎるとき、誰もがそうであるように、あるがままのほんとうの自分を意識できない。当然であろうか。こんなことってあるのだろうかとか、もうおしまいだ、もうどうしようもないというような八方ふさがりの視野狭窄や、絶望感や挫折感におそわれてしまう。あたふたしだしたと思うと、急に動けなくなってしまうこともしばしばである。またひらきなおってしまうと、逆に妙に冷めてくる。なぜか。これらは心の均衡を保つために、無意識のうちに（自動的に）防衛が働いている。

・「自分が苦手なタイプと会っているとき」
「人（例　担任、友だち）と気が合わない、そりが合わない、意見がひとつにならないとき」
「あまり親密でない友人や知人と会って会話しているとき」

ここには「遠慮」（気兼ね）が入り込んでいる。これも防衛である。

・「自分の性格が嫌いになったとき」

「自分の中に醜い感情（例えば嫉妬心、ねたみなど）が生まれたとき」

自己嫌悪感を感じるときは、どうしても自分自身を繕ってしまうものである。そうでないと、自分を保てないのである。

・「自分のペースが乱されたとき」
・「いらいらして、カッとなったとき」

私の推論では、これは「対抗感情転移」といって、相手の言動に自分の感情が揺さぶられて、巻き込まれてしまうのであろう。

・「仲間に入りたいとき」
・「いい子に思われたいとき」
・「恋人に夢中になっているとき」
・「期待されすぎているとき（例えば親や教師、恋人など）」
・「限界を感じたとき」

・「集団の中で、まわりに合わせようと自分に言いきかせているとき」
・「自分を押し殺しているとき」

私たちには他から好かれたい、愛（ケア）されたい、他者の好意を失いたくないという気持ちがある。これを國分久子は「失愛恐怖」と言っている。これは國分康孝が訳出したホーナイ・K・の「根源的不安"basic anxiety"」という概念を言い換えたものである。

・「言われたくない無神経なことを軽く口にされたとき」

ここでは自己主張しない、自己主張できない姿が見えてくる。「今そのようなことを言われて不愉快だよ」「今の言葉はグサっときたよ」「もっと他に言い様はないのかな、痛いなぁ」というようなことを自己主張できないと、後悔したり、みじめな気持ちになったりしてしまう。これが「未完の行為」にもなりかねない。

私たちには自我がある。これには自我機能といわれるものがある。これは自分（自

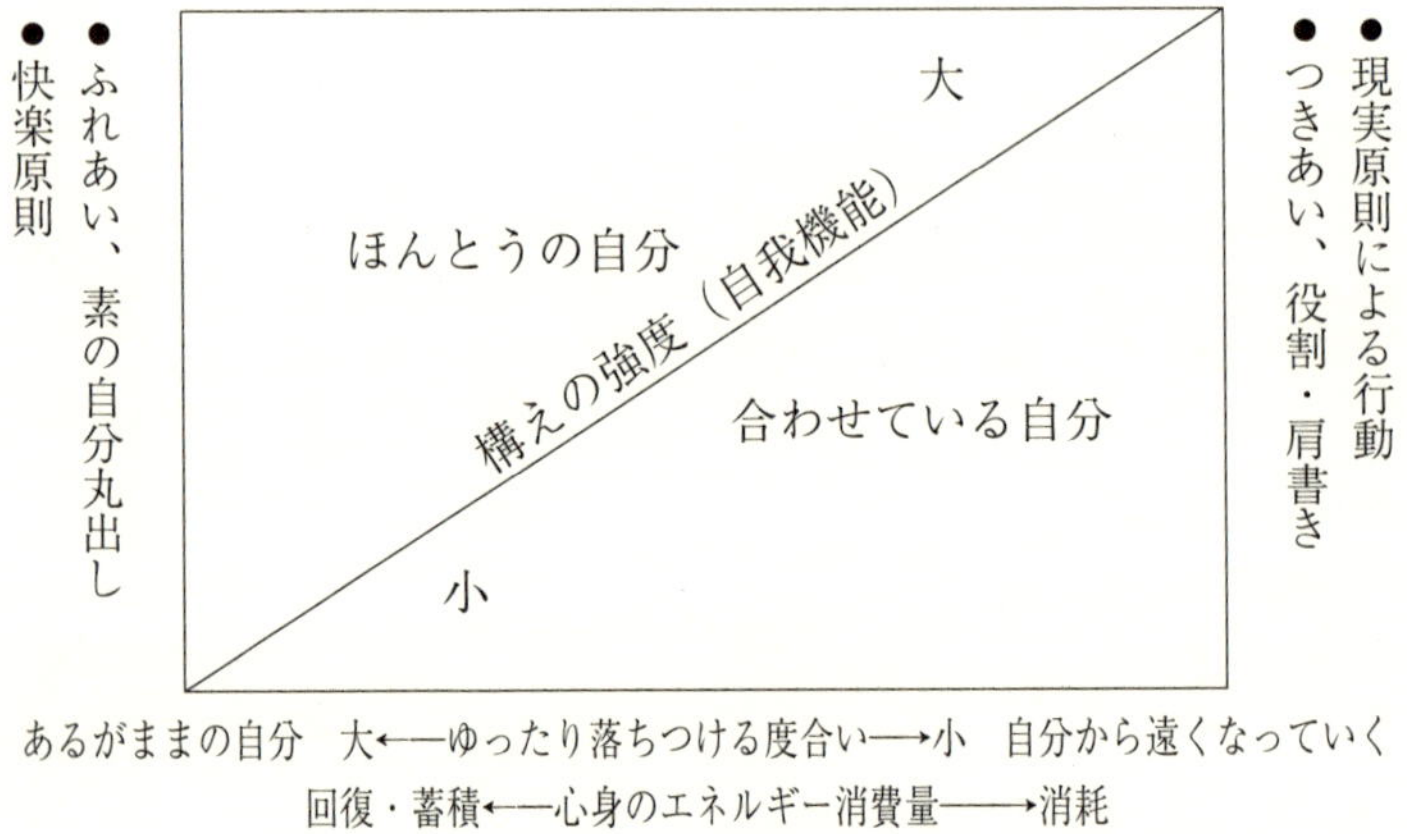

図　自我機能

我）の出し方を調節する機能のことである。例を挙げれば、「現実原則に従いつつ、快楽原則を満たす」（國分）とか、ＴＰＯに合わせた言動ができるということである。

　ＳＧＥの導入のエクササイズを授業で実施したとき、高校生や学生が次のような感想を寄せてきた。以下はそれらを紹介し、それに私の解釈を添えた。

・「人見知りのはげしい私には、きついことかなと思いながら参加した。そう思うことを忘れるくらいに、私ははじめての人と話していた」

　人見知りがはげしい自分であると思いこんでいたが、そういう自分はどこかにふっとんでいて、初対面の人とかかわることに楽しさを感じたという。「案ずるより産むがやすし」である。自ら現実場面脱感作法（系統的脱感作法とは違う行動療法の技法）に挑戦したのである。もちろん本人はこれを意識していたわけではない。勇気がほんとうの自分を蘇らせる。

・「SGEをやってみて、自分からすんなり話せない人も、機会があれば、話すことが出来るんだなぁと思った。じゃんけんに勝ってばかりいて、相手が私に向ける質問につまっていた。その様子がなんともおかしくなって、やっと質問を私にしてくれたときは、うれしくなって、いっぱい答えてしまった」

好意の関心をのせた質問（無条件の積極的関心）は相手を防衛的にしない。もっと聞いて、もっと話したいという気持ちにさせる。好意の関心は相手の「ほんとうの自分」にふれる。

・「私は今回は見ていた。最初は静かだったのに、握手をした後は、笑顔や笑い声がたくさんあったり、席にもどる時にはみんなが相手と笑顔で挨拶をしていた。

見ていてうらやましくなるほどでした。私自身は人とつきあうのが苦手なので、あまりやりたいとは思わなかったけれど、みんなが楽しそうでよかった」

やりたくない、とホンネの自分を語っている。そういうときは、他人の楽しさにも好意的・共感的になれる。

・「私には内と外のギャップがあるみたいで、『質問じゃんけん』ではパートナーにとてもびっくりされてしまった。それがうれしかった。私の見えない部分にふれてくれたんだと感じた」

まわりにには見えない「私の見えない部分」（ほんとうの自分）に、相手がちょっとでもふれてくれると、ふたりの間が近くなる。

・「エクササイズは、はじめ途中でやめたいと思いました。人一倍はずかしがりで、すぐ顔が赤くなってしまうのです。どうしようかと思いました。でもだんだんやっていくうちに慣れてきて、楽しく話している自分がいました」

桜色になってしまう目顔がほんとうの自分。ほんとうの自分でいることに不都合が生じなければ、対話は弾み、心は躍る。

・「今日は、勢いでSGEに参加した。緊張のしっぱなしだった。変な汗をかいた。『アウチ』をしたり握手をしたり、していても頭は真っ白だった。入学して数か月経った今、話す友だちはできたものの、授業を一緒に受けているのに、毎回近くに座っていながらも、話したことのない人に話しかけるのは難しい。やっぱり私は自分から動けない人だと、つくづく感じた。できれば自分のこういうところを直して、仲間に対して気軽に声をかけられる人になりたい」

意図的に求めなければふれあいは生まれない。ふれあいは自然発生的なものではないということに気づいた。

・「今日授業でやった『二者択一』と『あなたが結婚するとしたら』のエクササイズは、前回の『取材』（二人一組のインタビュー）のエクササイズ以上に、相手のことがわかった。人の価値観の多様さに気づくことができました」

・「相手の考え方や表現の仕方を見たり聞いたりしていて、自分はどうなのか、ということを考えさせてくれる授業だった」
・「今日の相手は、私のこころをひきだす才能をもつ人だった。質問されている立場にもかかわらず、話をどんどんしてしまった。そんなことが自然にできる人間になりたいと思った」

リレーションが少しずつ形成されてくる。相手の自己開示によって、相手のことがわかってくる（自分のことがわかってくる）。自然と他者の多様さが見えてくる。気づきが起きてくる。だんだんと他者とは違うほんとうの自分が見えてくる。

6 集中的なSGE体験をした高校二年女子の事例

二泊三日の集中的な構成的グループ・エンカウンターに参加した高校二年生女子の事例をここで紹介したい。参加希望を伝えてきたT子に「二十答法」を課した。これは「私は……」という刺激語をもとに、思い浮かんだことを自由記述して、文を完成するものである。この刺激語が二十あるので、二十答法という。原名は“Who am I?”

といい、略称ＷＡＩ法という。

Ｔ子は次のように書いてきた。「私は忘れっぽい」「私はかなり鈍感なところがある」「私はけじめがない」「私はけっこういい加減なところがある」「私は優柔不断」「私は心配性」「私は強情っぱり」「私はすぐに顔にでる」「私は思いが先走りする」「私は悲観的なところが多い」「私は人見知りをするタイプ」「私は負けず嫌い」「私は消極的」……

Ｔ子は学習成績はよく、クラスでいつもトップに位置した。責任感は強く、クラス委員としての任務や活動に忠実な生徒であったので、ホームルーム担任からすると「申し分のない子」であった。

そういう彼女がある終盤のセッション（「全体シェアリング」）で、涙ながらにこう語った。「私はクラスでも家でも、いつもいい子だった。両親は『よく言うことをきいて、家の仕事もよくするし、勉強もよくする女の子』と、私のことを思っている。でも、私はこわい。こんな私が、何かの拍子でいつ崩れてしまうのかわからない。勉強だって、学校の勉強はそれなりに点数はとっているが、模擬試験の偏差値は高くない」「私はなかなか自分のことについて決められない。優柔不断。だから、いつも何かにつけて、お母さんの決めることに従っているという感じ。勉強だって、そう。成績が落ちると、まわりの人があれこれ理由を詮索して、私のあら探しをするのが怖いので、頑張っているようなものなんです」「私はクラスの女の子たちから嫌われたくないので、ビクビクしている。そんな自分を知られたくないので、表情にまで気をつかっている。みんなと話した後はとても疲れてしまう。顔がこわばってきているのが、自分でもわかるんです」「もう、こんな自分が嫌なんです。みんなは自分のことが好きでいい。私は自分が嫌いです。こんなことを言っている根暗（ねくら）な自分が嫌いなんです」と。

T子（ペンネーム「ネム」）の問わず語りに対して、あるメンバーがかかわり発言をした。「ネムは普通の子だったんだ。私はネムに近寄りがたいものを感じて、一歩ひいていた。まじめで、勉強のできそうな女の子っていう感じがしてた。ネムの今の話を聞いていて、かなしくなっちゃった。ネムにも、人にいえない悩みがあったんだ。ここに来てからも、私たちに対して明るく接してくれていたので、今のいままで、ネムの悩みに気づかなかった」「ネムはよく嫌いな自分について、こんなにもよく話してくれた。打ち明けてくれた。ネムの話を聞いていて、私はとても楽になった。ごめんね。話しているネムはとても辛かったと思うけど。私は反対にとても楽になった」「ネムも私と同じだった。近寄りがたいものを今まで感じていたけど、ネムも私と同じだったんだぁ。私だって、まわりから嫌われたくないよ。だからさ、明るくふるまってさ、無理に話を合わせたり、一緒の行動をとったりしてたんだ」と。

別のメンバーはネムに対してこう語った。「私はひとりになると暗いくせに、他人の前だと大騒ぎしてしまうんだ。私はね、好かれたい好かれたいと思っているんだ。私は、こんなことばっかり考えている」「いまネムの話を聞いて、力が抜けちゃった。私は今まで何をしてきたんだろう。何のために、自分を隠してきたんだろう。私の大騒ぎはバカみたい。ずいぶん私も見栄ばっかりはってた。これからはほんとうの自分でいきたい」と。

T子はその後のセッションでは、自分から動いて仲間に入っていくようになった。食事のときには、配膳を手伝ったり、笑顔でお茶をついでまわったりするようになった。最後のエクササイズ「別れの花束」では、屈託のない仕草で、他者の背中に「別れの（感謝の）メッセージ」を書き込んでいた。

ワークショップが終了して一カ月半経ったところで、フォローアップの半構造化面接（面接内容を半ば決めておく面接）を行った。T子の言葉は印象的だった。「先生、私、今は楽です。自分のほんとうの姿を知ってくれている友だちがいるので。今はまわりが以前ほどこわくない。ヘマやったり、ボロを出してしまったら、それはそれでしかたないと思う。それと以前より少しずつだけど、自分で決めるようしている」と。

引用・参考図書

・片野智治（日本教育カウンセラー協会教師のサポートグループ・プロジェクト代表）『教師のサポートグループ：シェアリング方式』（日本教育カウンセラー協会、二〇〇一年）
・片野智治「対人関係の心理」（蓮見将敏・小山　望編著『人間関係の心理学』福村出版、一九九八年）
・エーリッヒ・フロム著・鈴木　晶訳『愛するということ』（紀伊國屋書店、一九九一年）・渥美　清『今日も涙の日が落ちる』（展望社、二〇〇三年）

あとがき

私は自画自賛したい。ここまでよく國分エンカウンターについて学んだものだと。「門前の小僧習わぬ経を読む」という。側にいて日々の積重ねの過程で学び取ったものを、國分康孝教授・國分久子教授に甘えながら、國分エンカウンターを自分のことばで語った。十分とはいえないが、それはそれでしかたのないことである。

これからの世の中では、ますます人々は失愛恐怖や失感情症（國分久子）に陥るであろう。ややもすると知らずしらずのうちに「ほんとうの自分」から遠くなるであろう。すなわち自分のホンネについて自問自答する機会が少なくなるという意味である。この自己疎外は意外なほど根は深いかもしれない。やさしさや思いやりの中にもこれが生じてくるかもしれない。だからといって私は悲観的ではない。

私はホンネに関する自問自答や省察から、あり方や生き方の可能性が生まれると信じている。自問自答と省察はふれあう過程で、「不安」と「沈黙」をともないながらなされるものほど、広く深くなると考えている。これらを克服する有力な方法の一つは自己開示であろう。

「日々の積重ね」と既述した。それほど頻回に学習の機会を与えてくださった國分康孝・國分久子先生にここに感謝申し上げます。

また、今回著述の機会を与えてくださった聖心女子大学・医学博士　橋口英俊教授、出版にあたって十分な支援をしていただいた駿河台出版社・編集担当石田和男氏に対して、ここに謝意を表したい。

片野智治

二〇〇三年　秋

【著者略歴】

片野　智治（かたの　ちはる）

1943年埼玉県生まれ。

跡見学園女子大学（文学部臨床心理学科）教授。

筑波大学大学院教育研究科（カウンセリング専攻）修了。

武南高等学校、東京理科大学講師、筑波大学大学院教育研究科講師、
跡見学園女子大学客員教授を経て、現職。

日本カウンセリング学会認定カウンセラー、日本教育カウンセラー協会認定上級教育カウンセラー、日本教育カウンセリング学会事務局長、日本カウンセリング学会常任理事など。

主な編著書

『エンカウンターで学級が変わる Part 1・中学校編』（図書文化社）、『エンカウンターで学級が変わる Part 2・中学校編』（図書文化社）、『エンカウンターで学級が変わる・高等学校編』（図書文化社）、『実践サイコエジュケーション』（図書文化社）、『エンカウンターとは何か』（図書文化社）、『構成的グループ・エンカウンターの原理と進め方：リーダーのためのガイド』（誠信書房）、『エンカウンターで進路指導が変わる』（図書文化）、『現代カウンセリング事典』（金子書房）など

構成的グループ・エンカウンター

●――2003年10月25日　初版第1刷発行
2007年7月1日　2版第1刷発行

著　者――片野智治
発行者――井田洋二
発行所――株式会社　**駿河台出版社**
〒101-0062 東京都千代田区神田駿河台3－7
電話03(3291)1676番(代)／FAX03(3291)1675番
振替00190-3-56669

製版所――株式会社フォレスト

《人間の発達と臨床心理学》

伊藤隆二・橋口英俊・春日喬　編

第1巻 生涯発達と臨床心理学

第1章　生涯発達の心理　第2章　心理的問題の縦断的考察　第3章　心理的問題の診断　第4章　主な心理療法　精神分析療法／来談者中心療法／行動療法／認知療法／論理療法／ゲシュタルト療法／催眠療法／イメージ療法／交流分析／内観療法／自律訓練法／森田療法／家族療法／集団療法／サイコドラマ／遊戯療法／箱庭療法とコラージュ療法／絵画療法／音楽療法／東洋医学的心理療法

本体3301円

第2巻 乳幼児期の臨床心理学

第1章　乳幼児期の発達心理　第2章　乳幼児期の心理的問題の理解　第3章　乳幼児期の心理診断　第4章　乳幼児期の心理治療　妊娠期の精神的問題とその対応／産褥期精神障害／初期発達障害／授乳障害／夜泣・夜驚／基本的生活習慣／乳幼児の心因性疾患／食事の問題／言語の問題／退行／反抗／性器いじり／嘔吐／内閉／ことばの遅れ　第5章　乳幼児期の精神的健康のために

本体3800円

第3巻 学齢期の臨床心理学

第1章　学齢期の発達心理　第2章　学齢期の心理的問題の理解　第3章　学齢期の心理診断　第4章　学齢期の心理治療　吃音／緘黙／排泄の問題／呼吸困難／耐性虚弱／多動／学習障害／神経性習癖／肥満／劣等感／心身症的問題(頭痛・腹痛・嘔吐・頻尿)／脱毛／抜毛／自慰／登校拒否／いじめ／盗み　第5章　学齢期の精神的健康のために

本体3800円

第4巻 思春期・青年期の臨床心理学

第1章　思春期・青年期の発達心理　第2章　思春期・青年期の心理的問題の理解　第3章　思春期・青年期の心理診断　第4章　思春期・青年期の心理治療　反抗／家庭内暴力／受験ノイローゼ／怠学／盗み／薬物乱用／青少年の心理機制とその事例研究／自信喪失／集団参加困難／思春期やせ症／アパシー／不定愁訴／性器劣等感／対人恐怖／自殺　第5章　思春期・青年期の精神的健康のために

本体3800円

第5巻 成人期の臨床心理学

第1章　成人期の発達心理　第2章　成人期の心理的問題の理解　第3章　成人期の心理診断　第4章　成人期の心理治療　夫婦面接／嫁・姑の葛藤／児童虐待／モラトリアム／劣等感／孤立／不定愁訴／うつ／対象喪失／アルコール依存／性的逸脱／エイズカウンセリング／テクノストレス／出社拒否／過剰適応　第5章　成人期の精神的健康のために

本体3400円

第6巻 老年期の臨床心理学

第1章　老年の心理　第2章　老年の心理的問題の理解　第3章　老年の心理診断　第4章　老年期の心理治療　身体変化／不定愁訴／家族間の葛藤／痴呆／被害妄想／生きがいの喪失／対象喪失／不治の病／死の不安／心身症／神経症／うつ／老年期の自殺　第5章　老年期の精神的健康のために

本体3107円